Tatjana Petkovski

Die Serbische Küche

Stocker

Umschlaggestaltung: Werbeagentur Rypka GmbH

BILDNACHWEIS

Titelbild: Antonio Husar/Alpenkoch®, Food-Styling: Anna Husar; Hochzeitskraut: Rezept auf S. 54
Kleines Bild am Cover: Dom des Heiligen Sava und Statue von Karadjordje (Orjen, Wikimedia CC BY-SA 3.0)
Coverrückseite sowie Rezeptbilder im Innenteil: Antonio Husar/Alpenkoch®, Food-Styling: Anna Husar
Portraitfoto der Autorin: Stefan Markoski
S. 13: Ferkel am Spieß (Micki, Wikimedia CC BY-SA 3.0)
Alle übrigen Bilder wurden dem Verlag dankenswerterweise von der Autorin zur Verfügung gestellt.

BIBLIOGRAFISCHE INFORMATION DER DEUTSCHEN NATIONALBIBLIOTHEK

Die Deutsche Nationalbibliothek verzeichnet diese Publikation in der Deutschen Nationalbibliografie; detaillierte bibliografische Daten sind im Internet über http://dnb.d-nb.de abrufbar.

HINWEIS

Dieses Buch wurde auf chlorfrei gebleichtem Papier gedruckt.
Die zum Schutz vor Verschmutzung verwendete Einschweißfolie ist aus Polyethylen chlor- und schwefelfrei hergestellt. Diese umweltfreundliche Folie verhält sich grundwasserneutral, ist voll recyclingfähig und verbrennt in Müllverbrennungsanlagen völlig ungiftig.

AUF WUNSCH SENDEN WIR IHNEN GERNE KOSTENLOS UNSER VERLAGSVERZEICHNIS ZU:

Leopold Stocker Verlag GmbH
Hofgasse 5/Postfach 438
A-8011 Graz
Tel.: +43 (0)316/82 16 36
Fax: +43 (0)316/83 56 12
E-Mail: stocker-verlag@stocker-verlag.com
www.stocker-verlag.com

ISBN 978-3-7020-1611-1

Layout und Repro: Werbeagentur Rypka GmbH, 8143 Dobl/Graz
Druck: Finidr, s.r.o., Český Těšín

Tatjana Petkovski

Die Serbische Küche

Die besten traditionellen Rezepte

Leopold Stocker Verlag
Graz - Stuttgart

Inhaltsverzeichnis

Glossar

NACHSPEISEN 84

ZIMNICA – HALTBARMACHEN 104

DEUTSCH-ÖSTERREICHISCHES KÜCHENLEXIKON

Da die serbische Küche stark von der Habsburgermonarchie beeinflusst wurde, verwenden wir in diesem Buch in erster Linie die österreichische Küchensprache. In diesem Glossar finden Sie die entsprechenden Ausdrücke einander gegenübergestellt:

Karfiol	*Blumenkohl*
Dampfl	*Vorteig*
Dörrzwetschken	*Backpflaumen*
Eidotter	*Eigelb*
Eiklar	*Eiweiß*
Einbrenn	*Mehlschwitze*
Faschiertes	*Hackfleisch*
Fett	*tierisch, beispielsweise Butter, Schmalz*
Germ	*Hefe*
Grammeln	*Grieben*
Knödel	*Klöße*
Kraut	*Weißkohl*
Kren	*Meerrettich*
Lauch	*Porree*
Marillen	*Aprikosen*
Marmelade	*Konfitüre*
Melanzani	*Auberginen*
Öl	*pflanzlich*
Sauerrahm	*saure Sahne*
Schweinshaxe	*Eisbein*
Semmelbrösel	*Paniermehl*

DANKSAGUNG

Ich bedanke mich herzlich bei meiner Mutter Valerija, die mich zur Liebe und Leidenschaft des Kochens inspirierte und mir stets eine große Hilfe und Unterstützung während der Gestaltung dieses Buches war.

Einleitung

Das Buch stellt eine schmackhafte Sammlung von traditionellen serbischen Gerichten vor, deren Bedeutung sich stark in die Kultur der Serben eingeprägt hat. Serben mögen das Feiern und dazu gehört, viele leckere Mahlzeiten zuzubereiten und sie mit Rakija oder Wein in geselliger Runde zu genießen.

Fleisch, Brot, Eintopf, feine Nachspeisen und türkischer Kaffee sind essentielle Teile der serbischen Küche. Diese Küche stellt eine Mischung aus Osten und Westen dar. Unter der Herrschaft des Osmanischen Reiches im Süden und der Österreichisch-Ungarischen Monarchie im Norden hat sich die serbische Küche entwickelt. Je nach Einflussgebiet hat die Küche regional unterschiedliche Geschmacksrichtungen integriert.

Die Vermischung dieser verschiedenen Einflüsse hat eine vielfältige nationale Küchentradition hervorgebracht. Der Süden zeichnet sich durch Gegrilltes, Pita (alle Arten gefüllte Fladen oder Kuchen) sowie Lamm- und Hammelfleischgerichte aus. Im Norden werden hingegen sehr gerne Teigwaren, Nudeln und Knödel gegessen. Überall in Serbien isst man viel Schweinefleisch, gegrilltes, aber auch geräuchertes Fleisch und bei jeder Mahlzeit ist Brot ein Muss auf dem Tisch. Viele Gerichte der serbischen Küche sind weltweit bekannt und Speisen wie Kajmak, Ajvar, Ćevapčići und schließlich auch Rakija sind ein unverzichtbarer Teil dieser Kultur, die man keinesfalls verpassen darf.

Dieses Buch versucht deshalb, die serbische Kultur und Esstradition lebendig zu halten und bietet den Lesern neben einem Einblick in die serbische Geschichte und Tradition auch 60 handverlesene Rezepte.

Gemüse und Obst auf dem Weihnachtsmarkt in Novi Sad (Vojvodina)

Zur Geschichte und Küche Serbiens

„Auf dem bergigen Balkan“ (aus dem Lied „Blutige Märchen“ von Desanka Maksimović) haben sich die Serben im 6. und 7. Jahrhundert angesiedelt. Die Serben sind ein südslawisches Volk, das auf eine lange Geschichte auf der unruhigen Halbinsel zurückblicken kann. Serbien hat in seiner Geschichte Zeiten des Kaiserreichs, Königreichs, aber auch der Knechtung durch das Osmanische Reich und die Österreichisch-Ungarische Monarchie erlebt, aber dennoch seinen Weg zur Freiheit gefunden. Alle diese Zeiten haben Spuren in der Kultur, aber auch in der Gastronomie Serbiens hinterlassen.

Uvac-Naturschutzgebiet im Südwesten Serbiens

Wie auch bei den meisten anderen europäischen Ländern hat die Religion als wichtigster Wert in der Geschichte tiefe Spuren in Serbien zurückgelassen. Die meisten Serben sind orthodoxe Christen, die ihren Glauben auch in der Küche ausleben. Die wichtigsten religiösen Feiertage, die durch das Kochen traditioneller Speisen und das Feiern begangen werden, sind Weihnachten, Ostern, aber auch ein typisch serbisches Traditionsfest – das Feiern der Schutzheiligen –, die sogenannte „Slava" (das Familienfest). Die Serben haben schon immer in großen Gemeinschaften (Familienkreisen) gewohnt und das Essen „auf viele Münder" verteilt. Da die Serben in der Vergangenheit meistens in Armut lebten, mussten sie Wege finden, die gesamte Familie zu sättigen. Deswegen haben sie immer wieder Gerichte zubereitet, die möglichst preisgünstig waren, oder das gegessen, was sie in ihren Haushalten gehortet haben. Die Feiertage waren immer die wichtigsten Tage im Jahr für jedes serbische Haus. An diesen Tagen wurde das Essen immer so reichhaltig wie möglich zubereitet.

Die moderne Zeit hat einiges geändert – die großen Familienhäuser finden sich nur noch in manchen Dörfern und die Armut hat abgenommen. Trotzdem hat sich die Tradition des Feierns in die Kultur der Serben eingeprägt und ist bis heute noch erhalten geblieben. Die Zeiten unter der Herrschaft des Osmanischen Reiches, die über 350 Jahre andauerte, und der Habsburgermonarchie haben die serbische Küche ebenfalls stark beeinflusst. Aus der Kombination der Einflüsse der Küchen des Osmanischen Reiches und der Doppelmonarchie mit der Fähigkeit von serbischen Hausfrauen – „aus nichts etwas zu machen", wie ein bekannter Volkspruch besagt – hat sich die traditionelle serbische Küche entwickelt.

Bergdorf Rudno, gelegen im Gebirge Golija im Westen Serbiens

WEIHNACHTEN

Die serbischen Orthodoxen feiern Weihnachten nach dem julianischen Kalender am 7. Januar. Diese besondere christliche Feier wird in der serbischen Heimat mit viel Freude und Vergnügen gefeiert. Die Weihnachtsstimmung beginnt schon ab 19. Dezember mit dem heiligen Nikola, der der am häufigsten gefeierte „Slava" (Familienheilige) der Serben ist. Die Fastenzeit, der 40-tägige Zeitraum vor Weihnachten, der Weihnachtsabend selbst und die Weihnachtszeit mit der Familie sind Teil der Tradition, und, wie in anderen christlichen Kulturen, auch bei den Serben sehr beliebt.

Der Abend vor Weihnachten – der Heiligabend – heißt bei den Serben *Badnje veče*. Dieser besondere Tag wird am 6. Januar, *Badnji dan* (Heiliger Tag), gefeiert und mit der Familie verbracht. Es wird ein sogenannter *Badnjak* (ein Stück einer jungen Eiche) abgeholzt oder gekauft (vor der Kirche) und mit Stroh und einem Ferkel nach Hause gebracht. Stroh wird überall dort unter und neben dem Tisch drapiert, wo die Hausfrauen kleine Geschenke für die Kinder verstecken. Der *Badnjak* wird um Mitternacht vor dem Haus oder vor der Kirche in gemeinsamer Runde verbrannt, was die Geburt und damit die Entstehung von etwas Neuem symbolisiert. In den Dörfern wird das Ferkel auf einem Bratspieß den ganzen Tag lang gebraten und erst am Weihnachtstag serviert, nach der Beendung der Fastenzeit. Die Besonderheit bei den serbischen Orthodoxen spiegelt sich durch die Begrüßung am Weihnachtstag wider. Wenn man jemanden an diesem Tag sieht, grüßt man mit *„Hristos se rodi!"* (auf deutsch: Christus ist geboren!) und bekommt die Antwort *„Vaistinu se rodi!"* (auf deutsch: Wahrhaftig ist er geboren!).

Am Weihnachtstag bereiten die Hausfrauen in der Früh den Serbischen Fladen (s. S. 26) oder die Česnica [Tschesniza]. Es gibt hier allerdings einen Unterschied je nach Gebiet, in dem man sich befindet. In ganz Serbien nennt man den Serbischen Fladen Česnica, während in der Vojvodina (nördliches Gebiet in Serbien) unter Česnica etwas anderes verstanden wird. Česnica (s. S. 91) ist hier der festliche Kuchen an diesem Tag, wie er auch im Rezeptteil beschrieben ist. Während des Zubereitens stecken die Hausfrauen ein Geldstück in den Teig. Der Volksglaube besagt, dass die Person, die das Geldstück in der Česnica findet, das ganze Jahr glücklich sein wird. Die erste Person, die am Weihnachtstag das Haus betritt, nennt sich

Weihnachtstisch mit traditionellen Vorspeisen: Pite, Rouladen und Brötchen

Položajnik. Dieser Gast kann ein Freund des Hauses oder sogar ein zufälliger Besucher sein, aber dem Glauben nach ist es besser, wenn diese erste Person männlich ist. Diesem speziellen Gast wird besondere Achtung geschenkt und dem Brauchtum nach wird dieser Gast während des kommenden Jahres die größte Seligkeit über die Familie bringen. Die Hausfrau überreicht dem *Položajnik* als Dank viele Geschenke.

Die erste Mahlzeit nach der langen Fastenzeit wird sehr reichhaltig zubereitet. Wenn das Mittagessen auf dem Tisch steht, zündet der Familienvater eine Kerze an, spricht ein Gebet, die Česnica wird gebrochen und die Männer trinken ein Glas Rakija (Schnaps). Die Familie wünscht sich untereinander viel Glück und das Mittagessen kann beginnen. Nach der Tradition wird zuerst Sarma (Krautroulade, s. S. 74), danach das Weihnachtsferkel (s. S. 49) serviert, meist gibt es dazu serbischen Salat (s. S. 36) und andere Beilagen. Als Nachspeise bereiten die Hausfrauen eine große Vielzahl an Plätzchen und Torten zu.

Ein reich gedeckter Ostertisch mit Fladen und Ostereiern

OSTERN

Das größte Fest der Christen – Ostern – wird bei den orthodoxen Serben im März, April oder sogar erst im Mai nach dem julianischen Kalender gefeiert. Manchmal wird dieser Festtag am selben Tag wie bei den anderen Christen, welche nach gregorianischem Kalender feiern, begangen, manchmal aber auch nicht. Der Sonntag ist der wichtigste Tag dieses Festes, aber die Tage davor haben auch eine große Bedeutung für das Feiern. Die Kinder freuen sich natürlich am meisten und erwarten Geschenke vom Osterhasen.

Wie auch beim Weihnachtsfest wird vor Ostern die 40-tägige Fastenzeit eingehalten, welche am Ostersonntag endet. Jene, die sich nicht an die Fastenzeit halten, tun dies zumindest am Karfreitag, bei den serbischen Orthodoxen „Großer Freitag" genannt. Für den „Großen Freitag" werden Fisch, Bohnen und Kartoffelsalat serviert. Die Tradition des Ostereierfärbens und Verschenkens ist auch in Serbien verbreitet. Am Freitagmorgen beginnen die Hausfrauen, die Ostereier zu färben und zu schmücken. Nach der Tradition soll das zuerst gefärbte Ei immer rot sein. Es heißt *Čuvarkuća* (auf deutsch: Haushüter). Dieses Ei behält man bis zum Osterfest im nächsten Jahr im Haus, da es Gesundheit und Glück bringen soll. Der Sonntag, der wichtigste Ostertag, ist heilig und die Menschen begrüßen sich untereinander mit den Worten „*Hristos Vaskrse!*" (auf deutsch: Christus ist auferstanden!) und „*Vaistinu Vaskrse!*" (auf deutsch: Er ist wahrhaftig auferstanden!). Der interessanteste Teil des Tages ist der Wettbewerb „Eierpecken" (auf serbisch: *tucanje jajima*). Jeder Teilnehmer erhält ein Ei und schlägt es mit jenem von einem anderen Teilnehmer zusammen. Derjenige, dessen Ei bis zum Schluss unzerbrochen bleibt, hat gewonnen. Wenn jemand an dem Tag zu Besuch kommt, bringt er immer auch gefärbte Eier als Geschenke mit. Für das Frühstück werden Eier, Fladen, Schinken, Zwiebel und Radieschen serviert. Das Mittagessen beinhaltet warme und kalte Vorspeisen, Lammeintopf (s. S. 28), Lamm- oder gebratenes Schweinefleisch, Frühlingssalate, Torten und Kuchen.

SLAVA – FAMILIENFEST

Slava ist eines der bekanntesten und wichtigsten Merkmale der serbischen Orthodoxen. Dieses Fest wird ausschließlich von Serben gefeiert und gilt als größtes Heiligtum des serbischen Volkes. Die Slava wurde bereits über Generationen von Vater zu Sohn übertragen. Sie wird einmal im Jahr gefeiert. Jede serbische Familie feiert im Zuge dessen einen Schutzheiligen, der an einem besonderen Tag gefeiert wird. Es gibt Schutzheilige, die öfter oder seltener im Volk gefeiert werden. Der jeweilige Feiertag ist allerdings der wichtigste religiöse Festtag für das Haus.

Ein paar Tage oder sogar ein paar Wochen vor dem Familienfest werden die Häuser gründlich geputzt und für das Fest vorbereitet. Nach der Tradition besucht ein Priester das Haus an dem Tag des Familienfestes oder ein paar Tage früher, um das Heim der Hausbewohner zu segnen. Die

Kloster „Velika Remeta" in der Fruška Gora, einem Mittelgebirge in der Nähe von Novi Sad

Traditionell wird für das Familienfest ein Ferkel am Spieß bereitet.

Gäste werden meistens im ersten Jahr, in dem das Fest in einer Familie stattfindet, eingeladen. Jedes weitere Jahr kommen die Gäste ohne Einladung, was in der Tradition sehr bedeutsam ist. Die Familienfeste bedeuten in einigen Familien ein Wiedersehen von engsten Verwandten; während bei einigen einige Dutzend zu Besuch kommen, bewirten andere Familien sogar mehr als hundert Gäste. In den Familien, die viele Gäste empfangen, wird meistens zwei Tage lang gefeiert, die Gäste können so an unterschiedlichen Tagen zu Besuch kommen. Das sind neben den Verwandten auch die Freunde, Nachbarn etc.

Für die Vorbereitung der Slava bereiten die Hausfrauen Folgendes zu: einen festlichen Kuchen (Serbischer Fladen) (s. S. 26) und gekochtes Getreide (*Koljivo*) (s. S. 88). Dazu soll jedes Haus Rotwein und Kerzen haben. Jedem Gast wird am Eingang ein Bissen *Koljivo* angeboten. Es wäre unhöflich, diesen nicht anzunehmen. Was am Tisch serviert wird, hängt davon ab, ob das Familienfest während der Fastenzeit begangen wird oder nicht und auch, an welchem Wochentag es stattfindet.

Für das Familienfest während der Fastenzeit (auf serbisch: *posna slava*) wird als Vorspeise Pita oder Roulade ohne tierische Bestandteile zubereitet. Als Hauptspeise gibt es Krautroulade mit Walnüssen, Bohnen und Fisch. Für die Nachspeise sind Plätzchen (der Fastenzeit angepasst) unverzichtbar. Die Slava außerhalb der Fastenzeit (auf serbisch: *mrsna slava*) ist durch ein reichhaltiges Angebot an Fleischspeisen und Pökelfleisch charakterisiert. Pita, kleine Kipferl, Proja (s. S. 24) oder Gibanica (s. S. 16) werden als Vorspeise serviert und mit Pökelfleisch kombiniert. Danach werden die Suppen oder Eintöpfe serviert (vom Huhn oder Kalbfleisch). Als erste Hauptspeise gibt es Krautroulade (s. S. 74), danach folgen die Fleischspeisen vom Schwein oder Lamm. Das junge Ferkel wird am besten im Garten auf dem Bratspieß am Tag vor dem Familienfest langsam zubereitet. Das machen die Männer meistens in Gruppen, wobei sie Rakija trinken. Währenddessen bereiten die Frauen im Haus die restlichen Speisen zu. Beilagen sind Kohlsalat, gebrannte Paprika (s. S. 60) und Turšija (s. S. 109). Sie können auch in der Fastenzeit zubereitet werden, da es sich um keine tierischen Bestandteile handelt. Für die Nachspeise neben den Plätzchen werden auch Torten gebacken.

Wie man schon sehen konnte, sind die religiösen Feste in Serbien sehr beliebt und deswegen auch mit viel Mühe, aber auch Vergnügungen verbunden. Die Speisen werden in großen Mengen gekocht und es wird viel Zeit dafür investiert. Deswegen sind die Gerichte, die Sie in diesem Kochbuch finden, sehr oft mit großem Zeitaufwand verbunden. Es ist aber auch ein Genuss, den man unbedingt erleben sollte.

REZEPTE

Gibanica

(JUFKATEIGGEBÄCK MIT KÄSE)

ZUTATEN FÜR CA. 4 PERSONEN

4 Eier • 1 EL Salz • 200 ml Mineralwasser (prickelnd) • 200 ml Öl
500 g zerkrümelter Frischkäse • 100–200 ml Milch • 500 g Jufka-Blätterteig

ZUBEREITUNG (CA. 45 MIN. MIT GARZEIT)

- Die Eier verrühren und mit Salz, Mineralwasser und Öl vermischen. Käse und Milch zugeben und verrühren.
- In eine runde Backform drei Teigblätter legen. Zwei Blätter auf die Seite legen und die restlichen Blätter leicht zerknüllen, in die Ei-Milch-Käse-Fülle eintauchen und anschließend in die Backform geben.
- Mit den zwei beiseitegelegten Blättern alles abdecken und im vorgeheiztem Backofen bei 250 °C etwa 5 Min. und dann weitere 30 Min. bei 200 °C backen.
- Den Backofen ausschalten und die Gibanica noch 5 Min. im Ofen stehen lassen.
- Herausnehmen und gleich danach mit Mineralwasser bestreichen, mit einem Tuch bedecken und ein paar Minuten abkühlen lassen.

TIPP

Die Gibanica mit Joghurt servieren.

INFO

Jufkateig (auch Filoteig) ist ein sehr dünner Teig aus Mehl, Wasser und Salz, der in Packungen mit zehn Blättern in vielen großen Handelsketten erhältlich ist.

Pihtije

(SERBISCHE SÜLZE)

ZUTATEN FÜR CA. 4 PERSONEN

500 g Schweinshaxe, Schweinsohr und Schweineschwanz
Suppengemüse • 1 Lorbeerblatt • 1 Zwiebel • 1 Knoblauchknolle
Salz • Pfeffer

ZUBEREITUNG (CA. 5 STD. MIT GARZEIT)

- Das Schweinefleisch waschen, in einen Topf legen und mit Wasser bedecken. Bei kleiner Hitze kochen, bis sich weißer Schaum bildet.
- Vom Herd nehmen und Suppengemüse, Lorbeerblatt, Zwiebel und Knoblauch zugeben und mit Salz und Pfeffer würzen.
- Die Pihtije zurück auf den Herd stellen und weitere 4 bis 5 Std. kochen lassen, bis sich das Fleisch von den Knochen löst.
- Den Sud in einen anderen Topf oder in eine Schüssel abseihen. Das Fleisch von den Knochen ablösen und in eine tiefere Schüssel ablegen. Mit dem Kochsud übergießen und abkühlen lassen.

TIPP

Pihtije schmeckt am besten, wenn sie mit Rakija und Turšija (s. S. 109) als Salat serviert wird.

Pogačice sa čvarcima

(KLEINE FLADEN MIT GRAMMELN)

ZUTATEN FÜR CA. 4 PERSONEN

600 g Mehl • 1 Pkg. trockene Germ • 2 Eidotter • 60 g Margarine
Salz • 250 ml Milch • 300 g gemahlene Grammeln • Pfeffer
Öl für das Backblech • 1 Ei

ZUBEREITUNG (CA 1 STD. MIT GARZEIT)

- 500 g Mehl mit Germ vermischen. 2 Eidotter, Margarine (Zimmertemperatur) und Salz zugeben. Lauwarme Milch nach und nach dazugeben, alles gut verkneten. Zugedeckt 30 Min. an einem warmen Ort gehen lassen.
- Die gemahlenen Grammeln mit 100 g Mehl und Pfeffer vermischen.
- Den Teig rechteckig ausrollen (1 cm dick) und die Hälfte der Grammelfüllung auf den Teig geben.
- Den Teig zusammenfalten und wieder ausrollen (1 cm dick). Wieder mit der Füllung bestreichen, noch einmal zusammenfalten und wieder ausrollen (1,5 cm dick).
- Mit einer runden Ausstechform (z. B. ein kleines Glas) kleine Stücke ausstechen.
- Auf das geölte Backblech legen, mit Ei bestreichen und im vorgeheizten Backofen bei 180 °C 20 Min. backen.

TIPP

Die kleinen Fladen werden zum Frühstück oder Abendessen serviert.

Savijača sa kupusom i pirinčem

(STRUDEL MIT KRAUT UND REIS)

ZUTATEN FÜR CA. 4 PERSONEN

300 g Mehl • Öl • 250 ml Wasser
Fülle: 1 kg geriebenes Kraut • Salz • 125 g Reis • Öl • 4 Zwiebeln • Pfeffer

ZUBEREITUNG (CA. 1,5 STD. MIT GARZEIT)

- Für den Teig das Mehl, 1 EL Öl und 250 ml Wasser miteinander verrühren. Den Teig in drei Teile schneiden, mit Öl bestreichen und ca. 30 Min. gehen lassen. Alle drei Teile sehr dünn ausrollen.
- Für die Fülle das geriebene Kraut salzen und den Krautsaft abseihen. Reis in Salzwasser kochen.
- Zwiebeln hacken und in 3 bis 4 EL Öl goldbraun rösten.
- Zu den gerösteten Zwiebeln Kraut und Reis hinzufügen. Mit Pfeffer würzen und gut vermengen.
- Die Fülle auf die ausgerollten Teige dick aufstreichen, die Teige einrollen und mit Öl bestreichen.
- Die Strudel auf das geölte Backblech legen und im auf 150 °C vorgeheizten Backofen 30 bis 40 Min. backen.

TIPP

Savijača mit Sauerrahm oder Joghurt servieren.

INFO

Wenn man gekauften Teig verwenden will, dann ist der Jufka-Blätterteig (500 g, s. S. 16) für dieses Gericht besonders gut geeignet.

Popara

(BLANCHIERTES BROT MIT KÄSE)

ZUTATEN FÜR CA. 4 PERSONEN

1 l Salzwasser • 600 g altes Brot • 100 g Frischkäse
Kajmak (oder Sauerrahm)

ZUBEREITUNG (CA. 30 MIN. MIT GARZEIT)

- 1 l Wasser in einem großen Topf mit Salz aufkochen lassen.
- Das Brot in große Stücke schneiden und ins kochende Wasser geben. Bei kleiner Hitze kurz kochen lassen, bis das Brot weich ist.
- Das Wasser abgießen (nur etwas Wasser im Topf lassen, um weiterzudünsten) und ein paar Minuten köcheln lassen.
- Fein verrühren, vom Herd nehmen, den Käse zugeben und gut vermischen. Am besten Kajmak auf die Popara geben und sofort servieren.

TIPP

Popara wird für das Frühstück oder zum Abendessen serviert.

Srpska proja

(SERBISCHES MAISBROT)

ZUTATEN FÜR CA. 4 PERSONEN

700 ml kaltes Wasser • 1 EL Salz
500 g Maismehl • 2 EL Fett

ZUBEREITUNG (CA. 1 STD. MIT GARZEIT)

- Wasser, Salz, Mehl und das geschmolzene Fett (1 EL) miteinander verrühren und die Mischung auf ein eingefettetes Backbleck geben.
- Die Proja bei 250 °C ca. 50 Min. backen und vor dem Servieren abkühlen lassen.

TIPP

Proja mit Sauermilch genießen, sie kann aber auch als Beilage serviert werden. Im Winter schmeckt sie am besten mit heißem Schnaps (Rakija).

Srpska pogača – česnica

(SERBISCHER FLADEN)

ZUTATEN

1 kg Mehl • 1 EL Fett • 1 EL Salz • 20 g frische Germ
lauwarmes Wasser nach Bedarf

ZUBEREITUNG (CA. 1,5 STD. MIT GARZEIT)

- Das Mehl in eine Schüssel sieben. Fett zugeben und vermischen. Salz, die zerkrümelte Germ und etwas lauwarmes Wasser hinzufügen und den Teig verkneten.
- Wenn der Teig elastisch und glatt ist, in eine runde eingeölte Backform legen und 10 Min. gehen lassen.
- Die Oberfläche des Teigs dekorativ einschneiden und im vorgeheizte Backofen bei 250 °C goldbraun backen. Danach noch 15 bis 20 Min. bei 200 °C fertigbacken.
- Wenn der Fladen fertig ist, mit etwa Wasser bestreichen, in ein Tuch einbinden und abkühlen lassen.

INFO

Den Serben war es in ihrer Vergangenheit aufgrund der verbreiteten Armut immer wichtig, Brot und Salz zu Hause zu haben. Serben zeichnen sich durch große Gastfreundschaft ihren Gästen gegenüber aus, da sie ihnen immer Brot mit Salz anbieten. Pogača, das köstlichste Brot bei den Serben, wurde deswegen immer für die Gäste zubereitet. Nach alter Tradition schneidet man Pogača nicht, sondern man reißt die einzelnen Stücke mit der Hand ab.

Serbischer Lammeintopf

ZUTATEN FÜR CA. 4 PERSONEN

750 g Lammfleisch • Suppengemüse • 1 Zwiebel • Salz • 4–5 Pfefferkörner • 1 EL klein gehackte Petersilie • Öl oder Fett • 2 EL Mehl • Paprikapulver • 50 g Reis • 1 Eidotter 3 EL Sauerrahm oder 100 ml Sauermilch • 1–2 EL Zitronensaft oder Essig

ZUBEREITUNG (CA. 3 STD. MIT GARZEIT)

- Das Lammfleisch waschen, in einen Topf geben und mit 2 l Wasser aufgießen. Wenn das Wasser sprudelnd kocht, Suppengemüse und eine in zwei Hälften geschnittene Zwiebel dazugeben. Mit Salz, Pfeffer und Petersilie würzen. Bei kleiner Hitze 2 Std. kochen lassen.
- In den letzten 10 Min. die Einbrenn* in wenig Wasser verdünnen und zur Suppe geben und verrühren.
- Die Suppe in einen anderen Topf durchsieben, den gewaschenen Reis hinzufügen und so lange kochen, bis der Reis bissfest ist.
- In einem anderen Suppentopf Eidotter mit Sauerrahm oder Sauermilch verrühren und langsam die Suppe dazugeben und gleichzeitig weiterrühren.
- Mit Zitronensaft oder Essig abschmecken und die gekochten, von den Knochen abgelösten und geschnittenen Fleischstücke vor dem Servieren hinzugeben.

INFO

* Einbrenn (= Mehlschwitze): Öl oder Fett in der Pfanne zerlassen, Mehl und Paprikapulver dazugeben und unter ständigem Rühren bei mittlerer Hitze anschwitzen. Einbrenn wird für die meisten serbischen Gerichte verwendet. Sie gibt der Speise eine dickere Konsistenz.

Fischeintopf

AUS DER VOJVODINA

ZUTATEN FÜR CA. 4 PERSONEN

2 kg Süßwasserfisch (gemischt) • Salz • Pfefferkörner • 4 große Zwiebeln
2–3 Knoblauchzehen • 2 Bund Suppengemüse • Öl • 200 ml Tomatenmark
1 Paprika • scharfes und süßes Paprikapulver • 1–2 Lorbeerblätter

ZUBEREITUNG (CA. 2 STD. MIT GARZEIT)

- Den Fisch putzen und waschen. In einem Kochtopf 5 l Wasser, den ganzen Fisch und Salz, Pfefferkörner, 1 Zwiebel (in vier Teile geschnitten) und die Knoblauchzehen geben. 20 bis 30 Minuten kochen lassen.

- Wenn der Fisch gar gekocht ist, den Fischsud in eine Schüssel abgießen und den Fisch abkühlen lassen.

- In einem Kochtopf in Scheiben geschnittenes Suppengemüse und 3 klein gehackte Zwiebeln in etwas Öl anbraten und dünsten lassen, bis das Gemüse weich wird. Während des Dünstens den Fischsud langsam zugeben.

- Die Gräten entfernen und den abgekühlten Fisch zerkleinern. Den Fisch zum gedünsteten Gemüse geben, den Rest des Suds zugeben und wenn nötig noch Wasser nachfüllen. Mit Tomatenmark, Paprika, Paprikapulver und Lorbeerblatt würzen. 1 Std. lang kochen.

TIPP

Je länger das Gericht gekocht wird, desto besser wird der Geschmack!

Heimische Suppe

MIT KNÖDELN

ZUTATEN FÜR CA. 4 PERSONEN

400 g Huhn oder Truthahn (Hals, Flügel, Rücken) • 1 große Kartoffel
1 große Zwiebel (ungeschält) • Suppengemüse • Salz
Pfefferkörner • Petersilie
Knödel: 1 Ei • Salz • 5 EL Weizengrieß

ZUBEREITUNG (CA 1,5 STD. MIT GARZEIT)

- In einen 5-l-Kochtopf das Fleisch, die Kartoffel, die ungeschälte Zwiebel und das Suppengemüse geben. Kaltes Wasser einfüllen, den Topf zudecken und bei niedriger Hitze mindestens 1,5 Std. köcheln lassen, bis das Fleisch gar ist. Während des Kochens salzen und mit Pfefferkörnern würzen. Wenn die Suppe fertig ist, Gemüse und Fleisch herausnehmen und beiseitelegen.

- Für die Knödel in einer kleinen Schüssel Ei verquirlen, salzen und Grieß zugeben. Die Mischung ein paar Minuten schwellen lassen. Mit dem Teelöffel kleine Knödel der Mischung abstechen und langsam in die heiße Suppe legen.

- Die Suppe soll nicht stark sieden, damit die Knödel nicht zerfallen.

- Wenn alle Knödel in der Suppe sind, gehackte Petersilie zugeben, den Topf zudecken und noch ein paar Minuten kochen, bis die Knödel weich werden.

- Das Gemüse mit dem Fleisch und mit einer Sauce getrennt als Hauptspeise servieren.

Teleća ragu čorba

(KALBSEINTOPF)

ZUTATEN FÜR CA. 4 PERSONEN

2,5 kg Kalbsunterschale • Gewürze nach Geschmack • Salz • 1 Bund Suppengemüse • 1 EL Butter • 1 EL Mehl • 100 g Sauerrahm • 1 Eidotter • Saft von ½ Zitrone • gehackte Petersilie

ZUBEREITUNG (CA. 1,5 STD. MIT GARZEIT)

- Die Kalbsunterschale in kleine Würfel schneiden.
- In einen Kochtopf 2 l Wasser füllen und aufkochen lassen. Danach das Fleisch und die Gewürze zugeben und salzen. Nach etwa 30 Min. das klein geschnittene Suppengemüse zugeben und kochen lassen, bis das Fleisch gar ist.
- Eine Einbrenn aus Butter und Mehl (s. S. 28) herstellen, etwas Wasser aus dem großen Kochtopf mit dem Mehl vermischen, gut verrühren.
- Diese Mischung zurück in den Kochtopf geben und noch etwa 20 Min. lang kochen lassen.
- In einer Schüssel den Sauerrahm mit Eidotter und Zitronensaft vermischen. Kurz vor dem Ende der Garzeit diese Mischung dem Eintopf zugeben und mit Petersilie bestreuen.
- Den Eintopf warm servieren.

Šopska-Salat

ZUTATEN FÜR CA. 4 PERSONEN

4 Tomaten • 1 Gurke • 4 grüne oder rote Paprika • 1 Zwiebel • Öl • Salz • Pfeffer
2 EL Petersilie, gehackt • Käse

ZUBEREITUNG (CA. 15 MIN.)

- Das Gemüse und die Zwiebel in Würfel schneiden. Öl, Salz, Pfeffer und Petersilie zugeben und alles verrühren.
- Mit geriebenem Käse bestreut servieren.

ŠOPSKA-SALAT

Urnebes-Salat

ZUTATEN

500 g Weichkäse • 50 ml Öl • 1 EL Paprikapulver
1 EL mit Mörser zermahlener roter Pfefferoni • Knoblauch

ZUBEREITUNG (CA. 15 MIN.)

- Den Käse zerkrümeln, Öl, Paprikapulver, Pfefferoni und Knoblauch zugeben.
- Die Zutaten gut verrühren und servieren.

TIPP

Urnebes-Salat schmeckt perfekt mit geräuchertem Fleisch oder zu Gegrilltem. Deshalb wird er gerne mit Pljeskavica (eine Art Hamburger oder Steak aus Faschiertem vom serbischen Grill) serviert. Er wird auch oft zu heißen Fladen gereicht.

INFO

Für zusätzliche Schärfe kann man etwas mehr Pfefferoni zugeben.
Gerade Liebhaber von würzigen Speisen werden den Urnebes-Salat als Delikatesse schätzen lernen.

Serbischer Salat

ZUTATEN

2 Zwiebeln • Salz • 4 Tomaten • 1 Gurke
3 Paprika • Öl • 1 scharfer Paprika

ZUBEREITUNG (CA. 15 MIN.)

• Die Zwiebeln fein würfeln, salzen und mit den Fingern zerdrücken, um die Schärfe zu verringern. Die Tomaten vierteln, die Gurke in dicke Scheiben schneiden und diese ebenfalls vierteln. Den Paprika in Würfel schneiden und alles vermischen.

• Salzen, Öl hinzufügen und verrühren. Mit dem scharfen geschnittenen Paprika den Salat bestreuen.

TIPP

Der serbische Salat wird als Beilage zu allen serbischen Fleischgerichten, besonders zu Gegrilltem serviert und kann auch als Vorspeise mit Käse serviert werden.

Ajmokac

ZUTATEN FÜR CA. 4 PERSONEN

2 Knoblauchzehen • Öl • 2 EL Mehl • 150 ml Hühnersuppe
100 ml Milch • 1 EL Essig oder Zitronensaft • Salz • Pfeffer
500 g Hühnerbrust, gekocht

ZUBEREITUNG (CA. 2 STD. MIT GARZEIT)

- Knoblauchzehen bei mittlerer Hitze in etwas Öl anrösten. Mehl zugeben, verrühren und mit Suppe und Milch aufgießen. Die Mischung verrühren, bis sie sich eindickt.
- Essig oder Zitronensaft hinzufügen und wenn es zu dick ist, weitere Milch oder Suppe zugeben. Mit Salz und Pfeffer abschmecken.
- In die Mischung die gekochte geschnittene Hühnerbrust geben.

TIPP

Mit Kartoffelpüree oder Nudeln servieren.

Betrunkener Karpfen

ZUTATEN FÜR CA. 4 PERSONEN

1,5–2 kg Karpfen • 300 g geräucherter Speck • 4–5 Knoblauchzehen
Paprikapulver • Salz • Pfeffer • Öl
300 ml Weißwein

ZUBEREITUNG (CA. 1,5 STD. MIT GARZEIT)

- Den Karpfen waschen und einseitig mehrmals einschneiden und die Hälfte des in dünne Blätter geschnittenen Specks in die Schnitte legen.
- Den Rest des Specks und den Knoblauch in kleine Würfel schneiden und den Bauch des Karpfens damit befüllen. Danach den Karpfen mit Paprikapulver, Salz und Pfeffer würzen.
- Den gefüllten Karpfen auf das Backblech legen und mit Öl und Wein beträufeln und das Backblech mit 500 ml Wasser befüllen.
- Den Karpfen im vorgeheizten Backofen ca. 1 Std. bei 200 °C backen. Den Karpfen während des Backens mehrmals mit dem Bratensaft übergießen.

TIPP

Den Karpfen mit Kartoffelsalat servieren.

Bohnen-eintopf

MIT RIPPEN

ZUTATEN FÜR CA. 4 PERSONEN

600 g weiße Bohnen • 600 g geräucherte Schweinerippen
3 Zwiebeln • Öl oder Fett • 1–2 Karotten • 1 getrockneter Paprika
1 Lorbeerblatt • 1–2 EL Mehl • 3 Knoblauchzehen • Paprikapulver
Salz • Pfeffer

ZUBEREITUNG (CA. 3 STD. MIT GARZEIT)

- Die Bohnen mit Wasser aufgießen und über Nacht stehen lassen. Das Wasser am nächsten Tag abgießen und die Bohnen in einen Topf mit dem geschnittenen Fleisch geben, mit kaltem Wasser übergießen und 10 bis 15 Min. kochen.

- Das Wasser abgießen, neues heißes Wasser einfüllen und zwei gehackte Zwiebeln zugeben.

- Fett in einem Topf zerlassen, eine gehackte Zwiebel und geschnittene Karotten hinzufügen und kurz rösten.

- Wenn die Bohnen fast gar gekocht sind, die gerösteten Zwiebeln und Karotten zugeben und mit getrocknetem Paprika und Lorbeerblatt würzen.

- Wenn die Bohnen weich sind, die Einbrenn (s. S. 28) herstellen. Dazu Öl oder Fett erwärmen, das Mehl zugeben und rösten. Von der Herdplatte nehmen, Knoblauch hinzufügen und mit Paprikapulver und Salz abschmecken. Die Bohnen noch 20 Min. kochen lassen und mit Pfeffer und Salz abschmecken.

Fleischroulade

ZUTATEN FÜR CA. 4 PERSONEN

2 kleine Zwiebeln • 2–3 Knoblauchzehen • 3 Eier
500 g Faschiertes (gemischt) • 6 EL Semmelbrösel • Paprikapulver
Salz • Pfeffer • 100 ml Sauermilch • 6 gekochte Eier

ZUBEREITUNG (CA. 1 STD. MIT GARZEIT)

- Die Zwiebeln und den Knoblauch klein hacken. Mit 2 Eiern und dem Faschierten vermischen und gut verrühren. Semmelbrösel zugeben und mit Paprikapulver, Salz und Pfeffer würzen. Alles gut vermischen, um eine feste, homogene Masse zu bekommen. Wenn nötig, noch Semmelbrösel zugeben.

- Die Fleischmischung auf ein Backblech geben und darauf verteilen. Das restliche Ei mit der Sauermilch verrühren und die verteilte Fleischmischung mit der Hälfte der Ei-Sauermilch-Mischung bestreichen.

- Die gekochten Eier schälen und in die Mitte der Fleischmischung in gerader Linie reihen. Die Fleischmischung der Länge nach mit den Eiern einrollen und die Roulade auf beiden Seiten gut verschließen.

- Mit der restlichen Ei-Sauermilch-Mischung bestreichen und im vorgeheizten Backofen bei 180 °C 45 Min. braten.

TIPP

Die Fleischroulade mit Kartoffeln oder Reis servieren.

Jagnjeća kapama

(KAPAMA-LAMMFLEISCH)

ZUTATEN FÜR CA. 4 PERSONEN

1 kg Lammfleisch • Mehl • Öl • 5–6 Zwiebeln
5 Frühlingszwiebeln • 1 EL Paprikapulver • 1,5 kg Spinat
Salz • Pfeffer

ZUBEREITUNG (CA. 1 STD. MIT GARZEIT)

- Das Fleisch klein schneiden und in Mehl wälzen. Die Fleischstücke in Öl beidseitig kurz anrösten und zur Seite legen.
- Im selben Topf die gehackten Zwiebeln anschwitzen und gehackte Frühlingszwiebeln zugeben. Weitere 10 Min. bei kleiner Hitze rösten.
- Das Fleisch zugeben, mit Paprikapulver würzen und weiterköcheln lassen.
- Den Spinat waschen und zum fertigen Fleisch hinzufügen. Mit 200 ml lauwarmem Wasser aufgießen, mit Salz und Pfeffer abschmecken und ca. 20 bis 25 Min. weiter köcheln lassen.

TIPP

Mit Weißwein servieren.

Ćevapčići

ZUTATEN FÜR CA. 4 PERSONEN

3 Knoblauchzehen (gehackt) • 1 TL Salz
1/3 TL Pfeffer • 1 kg Faschiertes (Rind-, Schweine- und/oder Hammelfleisch)
1 TL Soda-Bikarbonat

ZUBEREITUNG (CA. 1,5 STD. MIT GARZEIT)

- In einem Topf Knoblauch, Salz und Pfeffer in 50 ml Wasser aufkochen, abkühlen lassen.

- Wenn das Wasser kalt wird, das Wasser abseihen und über das Faschierte gießen. Das Fleisch abschmecken, mit einer Folie abdecken und bei Zimmertemperatur 30 Min. bis 1 Std. stehen lassen und dann in den Kühlschrank legen. Am besten dort über Nacht stehen lassen, aber mindestens 30 Min. lang.

- In das Faschierte das Soda-Bikarbonat geben und alles gut vermischen. Die Ćevapčići werden damit luftiger. Das Fleisch in kleine Ovale formen und grillen.

- Ćevapčići werden im Fladenbrot mit Zwiebeln und Kajmak (alternativ Sauerrahm) serviert. Urnebes-Salat (s. S. 34) und Pommes frites werden auch oft als Beilage serviert.

TIPP

Die beste Kombination für Ćevapčići besteht aus 70 % Rindfleisch und 30 % Hammelfleisch.
Wenn Sie Ćevapčići nur mit Rindfleisch zubereiten, dann am besten mit fetten Teilen des Fleisches, wie zum Beispiel vom Hals oder den Rippen.

Božićna pečenica

(WEIHNACHTSFERKEL)

ZUTATEN

2 bis 4 kg Schweinefleisch (ganzes Ferkel oder Teile)
Salz • 100 ml Öl • 500 ml Bier

ZUBEREITUNG (CA. 3 STD. MIT GARZEIT)

- Das Schweinefleisch waschen und mit einem Tuch abtrocknen. Das Fleisch bei den dicken Teilen einschneiden und salzen. Mit den Fingern das Salz überall verteilen und auf ein Backblech mit 200 ml Wasser und 100 ml Öl geben.
- Damit das Fleisch nicht kocht, sollte man auf das Backblech ein paar kleinere Holzstücke legen und das Fleisch daraufsetzen.
- Das Fleisch im Backofen bei 220 °C garen. Gelegentlich den Bratensaft über das Fleisch gießen. Wenn das Wasser verdampft ist, noch etwas Wasser zugeben, damit das Öl nicht verbrennt.
- Nach 1 Std. das Fleisch mit Bier übergießen, das macht die Haut knuspriger (aber nicht auf einmal, sondern nach und nach). Noch weitere 1,5 bis 2 Std. bei 180 °C garen. Wie lang man es insgesamt garen soll, hängt von der Dicke der Fleischstücke ab.
- Das Fleisch abkühlen lassen und servieren.

TIPP

Das Weihnachtsferkel mit Bratkartoffeln und serbischem Salat (s. S. 36) servieren.

INFO

Laut alter Tradition bereitet man das Weihnachtsferkel bereits am 6. Jänner zu (einen Tag vor dem orthodoxen Weihnachtsfest) und isst es erst am Weihnachtstag, nachdem die Fastenzeit zu Ende ist. Die Serben bereiten das Ferkel auf diese Weise auch oft für Ostern und für Slava zu.

Gefüllte Paprika

MIT FLEISCH

ZUTATEN FÜR CA. 4 PERSONEN

8 mittelgroße Paprika • 5 große Tomaten • 1 Zwiebel • 3 EL Öl
500 g Faschiertes (Rind-, Schweinefleisch oder gemischt)
50–100 g Reis • 1 Ei • gehackte Petersilie • Salz • Pfeffer
Öl oder Fett für die Einbrenn (s. S. 28) • 1 EL Mehl • 2 EL Paprikapulver

ZUBEREITUNG (CA. 1 STD. MIT GARZEIT)

- Die Paprika waschen, vorsichtig den Deckel abschneiden und enthäusen. Tomaten in Scheiben schneiden.
- Die Zwiebel fein hacken und in Öl anrösten. Das Fleisch zugeben und etwa 5 Min. rösten, bis das Fleisch durch ist und dann den Reis zugeben. Vom Herd nehmen und das Ei und die Petersilie hinzufügen. Mit Salz und Pfeffer würzen und gut verrühren.
- Die Füllung in die Paprika geben und mit den Tomatenscheiben zudecken. Die Paprika aufrecht in einem eingeölten Topf aneinanderreihen.
- Den Rest der Tomaten zugeben, mit Wasser übergießen und bei kleiner Hitze etwa 45 Min. lang kochen. Wenn die Paprika fast fertig sind, die Einbrenn herstellen. Dafür Öl oder Fett in einer Pfanne erwärmen, Mehl und Paprikapulver dazugeben und umrühren, bis die Masse Farbe angenommen hat. Bei mittlerer Hitze anrösten, zu den Paprika geben und noch 15 Min. köcheln lassen.

TIPP

Die Paprika können noch zusätzlich im Backofen gebacken werden und mit Sauermilch oder Kartoffelpüree serviert werden.

Gefüllte trockene Paprika

MIT BOHNEN

ZUTATEN FÜR CA. 4 PERSONEN

500 g große weiße Bohnen • 1 Lorbeerblatt • 4 Zwiebeln • 5–6 Knoblauchzehen
Salz • Öl oder Fett • süßes und scharfes Paprikapulver • Pfeffer
15–20 getrocknete rote Spitzpaprika • 1–2 Tomaten

ZUBEREITUNG (CA. 2,5 STD. MIT GARZEIT)

- Die über Nacht eingeweichten Bohnen waschen, mit kaltem Wasser übergießen und bei mittlerer Hitze kochen lassen. Nach 15 Min. Wasser abseihen und neues warmes Wasser hinzugießen. Kochen lassen und gelegentlich ein wenig Wasser zugeben. Lorbeerblatt, 1 gehackte Zwiebel und 2–3 Knoblauchzehen hinzufügen.

- Wenn die Bohnen weich sind, salzen, kurz verrühren und vom Herd geben. 3 Zwiebeln klein hacken und mit Öl in einem Topf dünsten. Mit süßem und scharfem Paprikapulver würzen.

- Das Wasser von den Bohnen abseihen und die Bohnen in den Topf zu den Zwiebeln geben, ein bisschen rösten, salzen, pfeffern und abkühlen lassen.

- Die roten getrockneten Spitzpaprika waschen, mit warmem Wasser übergießen und ohne kochen einweichen.

- Tomaten in Scheiben schneiden. Die Paprika mit den zubereiteten Bohnen befüllen und auf das Backblech reihen. Jede Schote mit einer Tomatenscheibe zudecken. Die Paprika mit Wasser übergießen, entweder mit dem Wasser der Bohnen oder mit frischem Wasser. Die Paprika im Backofen backen, bis das halbe Wasser verdampft ist.

- In einer Pfanne Öl oder Fett erhitzen, die restlichen Knoblauchzehen und Paprikapulver (süß und scharf) dazugeben und verrühren. Bei mittlerer Hitze rösten. Diese Mischung zu den Paprika zugeben und noch ein bisschen braten.

TIPP

Dieses Gericht kann man als Festspeise servieren, wenn man es statt mit Fett mit Öl zubereitet. Das Gericht schmeckt noch besser, wenn man es auf einem Keramikbackblech brät.

Hochzeits-kraut

ZUTATEN

2 Krautköpfe • Fett oder Öl • 2 kleine geräucherte Schweinshaxen
200 g geräucherte Schweinerippen
250 g Kalbfleisch • 250 g Hammelfleisch • 200 g Speck • Pfeffer • 1 Lorbeerblatt
1 kleine Knoblauchzehe • 2 kleine Zwiebeln • 1 EL Paprikapulver

ZUBEREITUNG (CA. 4 STD. MIT GARZEIT)

- Krautköpfe grob schneiden und Strunk entfernen. Das Kraut schichtweise mit in Würfel geschnittenem Fleisch und Speck in einen großen, mit Fett bestrichenen Topf reihen.

- Pfeffer, Lorbeerblatt und Knoblauch hinzugeben. Fett oder Öl in einer Pfanne erhitzen, die klein gehackten Zwiebeln anrösten, Paprikapulver dazugeben und bei mittlerer Hitze köcheln lassen.

- Das Kraut mit dieser Mischung übergießen und mit Wasser abdecken.

- Topf zudecken und bei niedriger Hitze ca. 3 bis 4 Std. kochen. Während des Kochens das Kraut zeitweise umrühren, aber kein Wasser zugeben, weil das Kraut nicht zerkochen soll.

TIPP

Das Gericht schmeckt noch besser, wenn man mehrere Fleischsorten verwendet, es länger kochen lässt und in einem Keramiktopf zubereitet.

INFO

Laut alter Tradition bereitet man das Hochzeitskraut im Herbst zu, wenn Hochzeiten, Messen und andere Feste Hochsaison haben. Diese Speise bereitet man für mehrere Personen zu, weil sie klassischerweise bei Festen serviert wird.

Krompirača sa kobasicama

(KARTOFFELKUCHEN MIT WURST)

ZUTATEN FÜR CA. 4 PERSONEN

1,5 kg Kartoffeln • 4 kleine Zwiebeln • 2–3 EL Mehl
2 EL Paprikapulver • Öl • Salz • Pfeffer
500 g trockene Wurst

ZUBEREITUNG (CA. 1 STD. MIT GARZEIT)

- Die Kartoffeln schälen und in Scheiben schneiden. Die Zwiebeln fein hacken. Kartoffeln und Zwiebeln in eine Bratpfanne geben, Mehl, Paprikapulver, Öl, Salz und Pfeffer zugeben.
- Mit Wasser bedecken und im vorgeheizten Backofen bei 200 °C backen.
- Wenn die Kartoffeln fast fertig sind, die ganze oder in Scheiben geschnittene Wurst zugeben. Backen, bis das Wasser ausgedampft und die Wurst angebacken ist.

TIPP

Krompirača wird sehr gerne mit Turšija (s. S. 109) oder Sauerkraut serviert. Dieses Gericht ist eine typische Winterspeise.

Karađorđeva šnicla

(KARADJORDJE-SCHNITZEL)

ZUTATEN FÜR CA. 4 PERSONEN

500 g Rindfleisch • Salz • 100 g Kajmak (oder Sauerrahm)
Mehl • 2 Eier • Semmelbrösel • Öl

ZUBEREITUNG (CA. 2 STD. MIT GARZEIT)

- Das Fleisch in Schnitzel schneiden, salzen und dünn klopfen. Jedes Schnitzel mit ein wenig mit Kajmak bestreichen.
- Die Schnitzel einrollen und anschließend die beiden Enden mit Zahnstochern fixieren, damit das Kajmak nicht ausfließt.
- Fleischstücke in Mehl wenden, in verquirlte Eier tauchen und anschließend in den Semmelbröseln wenden. Im heißen Öl braten.
- Die Zahnstocher entfernen und am besten mit Sauce Tartar und Kartoffelpüree servieren.

TIPP

Neben dem Kajmak können Sie das Schnitzel auch mit klein geschnittenem Schinken befüllen.

INFO

Hinter der Entstehung dieses Gerichtes steckt eine spannende Geschichte. Der sehr bekannte serbische Koch Milovan Mica Stojanovic hat in den 60er-Jahren im Restaurant „Golf" in Belgrad gearbeitet. Eines Tages hat er die Bestellung eines Kiewer Koteletts bekommen und da er in dem Moment leider keine Zutaten dafür hatte und trotzdem sein Image und das Image des Restaurants behalten wollte, verwendete er stattdessen die Zutaten, die er gerade zur Verfügung hatte. Auf diese Weise hat er etwas Neues kreiert, was er später „Karađorđeva Šnicla" nannte. Die Dynastie Karadjordjevic (auf dem Buchcover ist der Begründer der Dynastie als Denkmal abgebildet) war international bekannt und er wollte, dass sein Schnitzel auch international anerkannt wird, was ihm auch gelang.

Mućkalica

AUS LESKOVAC

ZUTATEN FÜR CA. 4 PERSONEN

1 kg Schweinenacken • Salz • 4–5 Zwiebeln • Öl • 10 gebrannte* Paprika
500 g Tomaten • 2 Knoblauchzehen

ZUBEREITUNG (CA. 1,5–2 STD. MIT GARZEIT)

- Das Fleisch salzen, in große Würfel schneiden und anbraten.
- Die Zwiebeln klein hacken und salzen, um die Schärfe zu verringern. Zwiebeln in etwas Öl dünsten, langsam ein wenig warmes Wasser zugeben und ständig rühren. Wenn die Zwiebeln durchgeröstet sind, in große Stücke geschnittene Paprika, Tomaten und klein geschnittenen Knoblauch hinzufügen. Alles dünsten, bis das Wasser verdampft ist.
- Das Fleisch zugeben, bei Bedarf ein wenig Wasser zugeben und kochen lassen, bis die Mischung musartig ist. Das Gericht nach Wahl und Geschmack würzen.

TIPP

Das Fleisch kann man auch mit Speck (ca. 200 g) umwickeln oder den Speck braten und ins Gemüse geben.
Man kann Mućkalica auch nach dem Kochen anbraten und anschließend im Backrohr weiterziehen lassen. Mućkalica wird mit Käse, Fladen und mit Šopska-Salat (s. S. 32) serviert.

INFOS

Mućkalica stellt ein „Markenzeichen" der serbischen Küche dar und soll das beste Grillfleisch aus Leskovac sein (eine Stadt in Südserbien).

* Gebrannte Paprika: Die Paprika waschen, im Backofen oder auf dem Grill braten. Wenn sie ganz schwarz sind, mit einem Tuch bedecken und abkühlen lassen. Danach schälen und schneiden.

Musaka

(SERBISCHE MOUSSAKA)

ZUTATEN FÜR CA. 4 PERSONEN

1 große Zwiebel • Öl • 500 g Faschiertes (gemischt) • Salz
Pfeffer • Paprikapulver • 1 kg Kartoffeln • 2 Eier
200 ml Sauerrahm

ZUBEREITUNG (CA. 70 MIN. MIT GARZEIT)

- Die Zwiebel fein hacken und im Öl anrösten. Das Fleisch zugeben und noch etwa 10 Min. dünsten. Vom Herd nehmen, salzen und mit Pfeffer und Paprikapulver würzen.
- Die Kartoffeln schälen, waschen, in Scheiben schneiden und in drei Teile aufteilen.
- Ein Backblech einölen und eine Schicht der Kartoffeln darauflegen. Die halbe Fleischmasse auf den Kartoffeln verteilen. Noch eine Schicht der Kartoffeln und den Rest der Fleischmasse daraufgeben und mit dem Rest der Kartoffeln abdecken.
- Die Eier mit dem Sauerrahm verrühren und über die Kartoffeln geben. Im vorgeheizten Backofen bei 220 °C 45 Min. braten.

TIPP

Die Musaka mit Sauerrahm oder Joghurt servieren.

INFO

Für Musaka kann man statt Kartoffeln auch gebrannte Paprika (s. S. 60) oder panierte Augerbinen verwenden.

Papula

(SERBISCHES BOHNENPÜREE)

ZUTATEN FÜR CA. 4 PERSONEN

500 g weiße Bohnen • 2 Zwiebeln • Salz • 2–3 Knoblauchzehen
150 ml Öl • Paprikapulver • Petersilie

ZUBEREITUNG (CA. 1,5 STD. MIT GARZEIT)

- Die über Nacht eingeweichten Bohnen waschen, in einen Topf geben, mit kaltem Wasser übergießen und kochen. Das aufgekochte Wasser abseihen und neues, warmes Wasser einfüllen.

- Fein gehackte Zwiebeln hinzufügen, kochen, bis das Wasser weiß ist und die Bohnen zerkocht sind. Die Bohnen abseihen und pürieren.

- Nach Geschmack salzen und den gehackten Knoblauch zugeben. Mit Öl übergießen, mit Paprikapulver bestäuben und mit fein gehackter Petersilie dekorieren.

TIPP

Die zubereitete Speise kann man auch noch im Backofen braten.

INFO

Papula isst man zum Frühstück oder als Hauptspeise. An Festtagen wird Papula oft mit Fisch serviert.

Pilau

MIT HÜHNERFLEISCH

ZUTATEN FÜR CA. 4 PERSONEN

500–800 g Hühnerfleisch (nach Wahl, am besten Geflügelkeule)
1 Bund Suppengemüse • Pfefferkörner • Salz • 1 Zwiebel • ½ Stange Lauch
Öl • 150 g Reis • Pfeffer • gehackte Petersilie

ZUBEREITUNG (CA. 2,5 STD. MIT GARZEIT)

- Um Pilau zuzubereiten, muss man zuerst eine Hühnersuppe mit Karotten zubereiten.
- In einen Kochtopf (5 l Fassungsvermögen) dafür das Fleisch und das Suppengemüse geben. Kaltes Wasser einfüllen, den Topf zudecken und bei niedriger Hitze 1,5 Std. oder länger kochen, bis das Fleisch gar ist. Während des Kochens salzen und mit Pfefferkörnern würzen.
- Nachdem die Suppe gekocht ist, nimmt man die Karotten und das Hühnerfleisch aus der Suppe und legt sie beiseite. Den Rest der Suppengemüse verwendet man nicht für Pilau.
- Die Zwiebel und den Lauch fein hacken und in etwas Öl dünsten. Den Reis dazugeben und mit der Suppe ablöschen. Das Fleisch aus der Suppe klein hacken, von der Geflügelkeule ablösen und gemeinsam mit den Karotten zur Suppe mit dem Reis geben. Mit Pfeffer und Salz würzen und so lange kochen, bis der Reis fertig gekocht ist.
- Wenn die Mischung gar ist, in einer Auflaufform verteilen und mit der gehackten Petersilie bestreuen. Bei 220 °C im vorgeheizten Backofen 15 Min. braten.

TIPP

Pilau mit Salat servieren. In der Vojvodina (nördliches Gebiet in Serbien) serviert man den Pilau mit Kompotten von Zwetschken, Kirschen oder Marillen.

Podvarak sa kiselim kupusom

(PODVARAK MIT KRAUT)

ZUTATEN FÜR CA. 4 PERSONEN

1–1,5 kg Kraut • 4–5 Zwiebeln • 2 EL Öl • 1 EL Paprikapulver
1 TL Pfeffer • 2 Lorbeerblätter • 30 g Reis
600–800 g geräuchertes Fleisch oder frisches Fleisch (nach Wahl)
3–4 Knoblauchzehen

ZUBEREITUNG (CA. 1,5 STD. MIT GARZEIT)

- Das Kraut waschen, abseihen und julienne schneiden. In einem Topf Zwiebeln in Öl anrösten, das Kraut zugeben, verrühren und nach der Zugabe von etwas Wasser andünsten lassen.

- Wenn das Kraut weich geworden ist und die Farbe sich etwas geändert hat (nach etwa 30 Min.), mit Paprikapulver und Pfeffer würzen und die Lorbeerblätter und den gewaschenen Reis hinzufügen. Alles gut verrühren und bei Bedarf noch etwas Wasser zugeben.

- In der Zwischenzeit das geräucherte Fleisch aufkochen oder das frische Fleisch anrösten. Den Backofen vorheizen, eine Auflaufform mit Öl bestreichen und das vorbereitete Kraut hineinlegen und das Fleisch ins Kraut stecken. Die Knoblauchzehen daraufgeben und bei 180 °C braten. Ab und zu das Kraut durchmischen und das Fleisch wenden, damit es beidseitig eine goldbraune Farbe bekommt. Wenn notwendig, etwas Wasser zugeben.

TIPP

Podvarak mit gekochten Kartoffeln servieren.

Sarma od blitve

(MANGOLDROULADEN)

ZUTATEN FÜR CA. 4 PERSONEN

1–2 Zwiebeln • Öl • 500 g Faschiertes (nach Wahl) • Salz
Pfeffer • Paprikapulver • 100 g Reis • 1 Ei
ca. 20 Mangoldblätter (oder Weinblätter, nach Wahl) • 100 ml Weißwein

ZUBEREITUNG (CA. 1,5 STD. MIT GARZEIT)

- Für die Fülle in einem beölten Topf die gehackte Zwiebel rösten, das Fleisch zugeben und kurz dünsten. Den Topf vom Herd geben, salzen und mit Pfeffer und Paprikapulver würzen. Die Fülle abkühlen lassen.
- Wenn das Fleisch abgekühlt ist, Reis und Ei hinzufügen und gut verrühren.
- In einem Topf Wasser aufkochen. Die Mangoldblätter waschen, den Stiel abschneiden und jedes Blatt für ein paar Sekunden Stück für Stück in heißem Wasser blanchieren.
- Jedes Blatt mit der Fülle bestreichen. Die mit Fülle bestrichenen Blätter einrollen und die Enden gut zubinden, sodass die Fülle nicht ausfließen kann.
- Die Rouladen in einen Topf reihen und mit Wasser übergießen. Wein zugeben und salzen.
- Die Mangoldrouladen bei kleiner Hitze etwa 1 Std. kochen.

TIPP

Vor dem Servieren die Mangoldrouladen mit Sauerrahm oder einem ähnlichen Milchprodukt dekorieren.

Sataraš oder Bećarac

(SOMMERGEMÜSESPEISE)

ZUTATEN FÜR CA. 4 PERSONEN

3 größere Zwiebeln • Öl • 3–4 größere frische Paprika • 2 größere Tomaten
Salz • Pfeffer • 5 Eier

ZUBEREITUNG (CA. 1 STD. MIT GARZEIT)

- In Halbringe geschnittene Zwiebeln in Öl anrösten. Wenn die Zwiebeln glasig sind, die gehackten Paprika hinzugeben. Die Paprika sollten in größere Quadrate geschnitten sein. Die Pfanne zudecken und weiter, ohne Wasser zuzugeben, bei kleiner Hitze schmoren lassen.

- Währenddessen die Tomaten 5 Min. im warmen Wasser blanchieren und sie danach schälen. Die geschälten und geschnittenen Tomaten zu den Paprika hinzufügen.

- Leicht anrösten lassen, mit Salz und Pfeffer würzen und kochen lassen, bis das ganze Wasser der Gemüse verdampft ist.

- Die verquirlten Eier hinzufügen und kurz unter ständigem Umrühren dämpfen.

TIPP

Sataraš ist besonders wegen seiner Leichtigkeit für den Sommer gut geeignet. Es kann als Hauptspeise serviert werden oder als Beilage zu Fleisch, Kartoffeln oder Nudeln.

Srpska sarma

(SERBISCHE KRAUTROULADE)

ZUTATEN FÜR EINEN 5-L-TOPF

1,5–2 kg Weißkraut • 2 Zwiebeln • 150 g Fett • 300 g Faschiertes vom Schwein
200 g Faschiertes vom Rind • 150 g Reis • gehackte Petersilie • Salz
Pfeffer • 1 Ei • 300 g geräuchertes Fleisch, zwei Arten nach Wahl
1 EL Mehl • 1–2 EL Paprikapulver

ZUBEREITUNG (CA. 4 STD. MIT GARZEIT)

- Für das Kraut die Blätter vom Krautkopf ablösen. Von jedem Blatt das Strunkstück entfernen und die Blätter waschen. Damit die Rouladen nicht anbrennen, den Topfboden mit einigen Krautblättern bedecken.

- Für die Fülle die Zwiebeln hacken und mit 100 g Fett andünsten. Schweine- und Rinderfaschiertes mit anbraten und den Reis dazugeben, verrühren und vom Küchenherd nehmen. Abkühlen lassen und Petersilie, Salz, Pfeffer und Ei dazugeben.

- Jedes Krautblatt mit einem Löffel der Fleischmischung füllen, dann das befüllte Blatt einrollen und die Enden gut verschließen. Die Rouladen im Topf aneinanderreihen und noch einige geräucherte Fleischstücke dazulegen. Mit kaltem Wasser voll aufgießen und eine Einbrenn zubereiten. Dazu 50 g Fett in einer Pfanne erhitzen, Mehl und Paprikapulver dazugeben und mischen, bis die Masse Farbe angenommen hat. Bei mittlerer Hitze rösten.

- Die Einbrenn den Krautrouladen zugeben. 3 bis 4 Std. bei mittlerer Hitze kochen.

TIPP

Krautroulade mit Walnüssen (Fastenspeise): Statt Fleisch kann man Walnüsse zur Mischung geben. Diese Krautroulade isst man am Weihnachtsabend.

Srpski đuveč

(SERBISCHER GJUWETSCH)

ZUTATEN FÜR CA. 4 PERSONEN

750 g frische Tomaten • 350 g Zwiebeln
1 kleine Melanzani • 2 große, dicke Paprika • 1 kleiner Zucchino
Petersilie • Salz • Pfeffer • Öl
500 g Rindfleisch oder Schweinefleisch (nach Wahl) • 50 g Reis

ZUBEREITUNG (CA. 2,5 STD. MIT GARZEIT)

- Die Tomaten waschen, in Scheiben schneiden und auf die Seite legen.
- Die Zwiebel, Melanzani, Paprika und den Zucchino in kleine Würfel schneiden und in eine Schüssel geben. Petersilie zugeben und mit Salz und Pfeffer würzen. 2 EL Öl zugeben und verrühren.
- In eine Backform 175 g Tomaten geben und die halbe Gemüsemischung mit den geschnittenen Fleischstücken hinzufügen.
- Den Rest der Gemüsemischung und den gewaschenen Reis dazugeben. Die restlichen Tomaten darübergeben.
- Mit Wasser und etwas Öl übergießen und im vorgeheizten Backofen bei 225 °C ca. 2 Std. lang braten.
- Den Gjuwetsch noch in der Backform servieren.

Süßkraut

ZUTATEN FÜR CA. 4 PERSONEN

1 kg Lamm- oder Hammelfleisch
200–300 g geräuchertes Fleisch (nach Wahl)
1–1,5 kg Tomaten • 2 kg frisches Kraut • 3 Zwiebeln • 3 Paprika
Öl oder Fett • gehackte Petersilie
Pfeffer • Salz

ZUBEREITUNG (4–5 STD. MIT GARZEIT)

- Das Fleisch und die Tomaten in Würfel schneiden. Den Krautstrunk entfernen und das Kraut in große Stücke schneiden. Die Zwiebel klein hacken und die Paprika in Streifen schneiden.

- Einen Topf einölen, die Tomaten hineingeben, dann darüber das Kraut reihen. Petersilie, Paprika und Zwiebel zugeben, mit Salz und Pfeffer würzen.

- Das Fleisch und das geräucherte Fleisch zugeben. Mit etwas Öl übergießen und wieder in der gleichen Reihenfolge die Zutaten aufschichten und mit den Tomaten zudecken.

- Mit kaltem Wasser übergießen, aber die letzte Reihe der Tomaten soll nicht mit Wasser bedeckt sein. 4 Std. bei kleiner Hitze kochen.

TIPP

Süßes Kraut schmeckt noch besser, wenn man es in einem Keramiktopf kocht.

Uštipci od mlevenog mesa

(SERBISCHE HACKFLEISCHKRAPFEN)

ZUTATEN FÜR 4 PERSONEN

100 g Hartkäse • 100 g Räucherspeck
3 Knoblauchzehen • 500 g Faschiertes vom Rind
1 EL scharfes Paprikapulver • Salz • Pfeffer • Öl

ZUBEREITUNG (CA. 30 MIN. MIT GARZEIT)

- Hartkäse und Räucherspeck in kleine Würfel schneiden. Knoblauch fein hacken und Käse und Speck ins Fleisch untermischen.
- Mit Paprikapulver, Salz und Pfeffer würzen.
- Alles gut mit den Händen verkneten und zu kleinen Kugeln formen. Auf einem Backgrill braten und mit Pommes frites und Salat servieren.

TIPP

Hackfleischkrapfen können auch mit Sauce Tartar und Zwiebeln serviert werden.

INFO

Die serbischen Hackfleischkrapfen kommen ebenso wie Mućkalica (s. S. 60) aus Leskovac und gehören zu den beliebtesten Grillspeisen bei Serben.

Škembići

(KUTTELFLECK)

ZUTATEN FÜR CA. 4 PERSONEN

1 kg Kuttelfleck • Essig • Salz
4 Zwiebeln • Öl • 2 Karotten • Pfeffer • 1 Lorbeerblatt
200 ml Tomatensauce • 4 Knoblauchzehen, gehackt
2 EL Mehl • 1 EL Paprikapulver

ZUBEREITUNG (CA. 4 STD. MIT GARZEIT)

- Den Kuttelfleck waschen und ein paar Stunden im kalten Wasser in ein wenig Essig stehen lassen. Den Kuttelfleck abspülen und in Salzwasser etwa 3 Std. kochen lassen und danach feinnudelig schneiden. Das Kochwasser auf die Seite geben.

- Zwiebeln hacken und in Öl anrösten, die geschnittenen Karotten und den Kuttelfleck zugeben. Mit Pfeffer, Salz, Lorbeerblatt, Tomatensauce und Knoblauch würzen. Mit etwas Wasser 30 Min. dünsten, ständig etwas Kochwasser zugeben.

- Wenn der Kuttelfleck fast fertig ist, eine Einbrenn (s. S. 28) herstellen. Dazu Öl in einer Pfanne erhitzen, Mehl und Paprikapulver dazugeben und umrühren, bis die Masse Farbe angenommen hat, und bei mittlerer Hitze anrösten.

- Die Einbrenn zum Kuttelfleck geben und gut verrühren.

Kaninchen-gulasch

ZUTATEN FÜR CA. 4 PERSONEN

Marinade: 4 Zwiebeln • 1 Selleriewurzel
1 Petersilienwurzel • 500 ml Essig • 3 Lorbeerblätter
20 Pfefferkörner • ½ TL Salz
Gulasch: 1,5 kg Kaninchenfleisch mit Knochen • Öl
2 kg Zwiebel • 200 g Dörrzwetschken ohne Kerne • 500 ml Weißwein
Salz • Pfeffer

ZUBEREITUNG (CA. 5–6 STD. MIT GARZEIT)

• Für die Marinade Zwiebeln, Selleriewurzel und Petersilienwurzel in Scheiben schneiden, mit Essig, 500 ml Wasser, Lorbeerblättern, Pfefferkörnern und Salz mischen, gut verrühren und 30 Min. kochen.

• Das Fleisch in eine holzige Schüssel legen, mit der Marinade übergießen und mit einem Gewicht beschweren. Das Fleisch mindestens 15 Std. lang stehen lassen. In der Marinade wird das Fleisch weich und bekommt einen besonderen Geschmack.

• Für das Gulasch das Fleisch aus der Marinade nehmen und die Knochen entfernen. Das Fleisch in kleine Würfel schneiden, in einen geölten großen Topf legen und mit etwas Wasser bei kleiner Hitze dünsten.

• Die geschnittenen Zwiebeln und Dörrzwetschken zugeben und mit Weißwein und etwas Wasser übergießen. Bei kleinerer Hitze 5 bis 6 Std. kochen und nach und nach das Wasser zugeben. Wenn das Gulasch fast fertig ist, mit Salz und Pfeffer würzen.

Gomboce sa šljivama

(ZWETSCHKENKNÖDEL)

ZUTATEN FÜR CA. 4 PERSONEN

Knödelteig: 500 g Kartoffeln • 3 Eidotter • 1 Prise Salz
1 EL Butter • 400 g Mehl • 500–600 g Zwetschken • Öl
Gomboce: 130 g Semmelbrösel • Zucker
Vanillezucker • 150 g Butter

ZUBEREITUNG (CA. 1 STD. MIT GARZEIT)

- Die Kartoffeln kochen und zerdrücken. Die Eidotter einrühren und Salz, Butter und Mehl zugeben. Den Teig kneten, eine ca. 5 cm dicke Rolle formen und in Stücke schneiden. Jedes Stück des Teigs mit den Fingern platt drücken.

- Zwetschken entkernen. Je eine Zwetschke in die Teigmitte legen, schließen und runde Knödel formen.

- Die Knödel auf einer Oberfläche, die mit Mehl bestreut ist, liegen lassen.

- 3 l Wasser mit ein paar Tropfen Öl zum Kochen bringen. Knödel hineingeben und köcheln lassen, bis sie an der Oberfläche schwimmen (etwa 12 bis 15 Min.). Danach weitere 3 bis 5 Minuten kochen.

- In einer Pfanne in der Zwischenzeit Semmelbrösel, Zucker und Vanillezucker in Butter kurz rösten. Die Knödel aus dem Topf nehmen, abseihen, in die gerösteten Brösel geben und darin wälzen.

Gurabije

(SERBISCHE KOURABIEDES)

ZUTATEN FÜR CA. 4 PERSONEN

230 g Fett • 250 g Zucker • 450 g Mehl • 2 Eier

ZUBEREITUNG (CA. 30 MIN. MIT GARZEIT)

- Alle Zutaten miteinander vermengen und den Teig ca. 0,5 cm dick ausrollen.
- Nach Wunsch können der Masse geriebene Walnüsse beigemengt werden.
- Mit Keksformen Stücke des Teigs ausstechen und auf das beölte Backblech legen.
- Die Gurabije bei 200 °C 15 Min. backen.

Kürbiskuchen

ZUTATEN FÜR CA. 4 PERSONEN

1 kg Kürbis • 20 EL Zucker • Zimt • 500 g Jufka-Blätterteig (10 bis 12 Blätter, s. S. 16)
100 ml Öl • 100 ml Wasser • Staubzucker

ZUBEREITUNG (CA. 1 STD. MIT GARZEIT)

- Den Kürbis schälen, reiben, Zucker und Zimt zugeben. Alles gut vermischen und 10 Min. stehen lassen.
- Die Teigblätter auf drei Portionen aufteilen (drei bis vier Blätter pro Kürbisrolle). Die ersten zwei Blätter jeder Rolle mit Öl und Wasser bestreichen und übereinanderlegen. Auf das letzte Blatt ein Drittel der Kürbis-Zucker-Masse und etwas Kürbissaft aufstreichen und auf die beiden anderen Blätter auflegen. Die Teigblätter gemeinsam einrollen. Mit den anderen Portionen gleich verfahren.
- Alle drei Rollen auf das geölte Backblech legen und mit Öl und Wasser bestreichen. Im vorgeheizten Backofen 5 Min. bei 220 °C backen, dann auf 180 °C reduzieren und nochmals etwa 20–30 Min. backen.
- Wenn der Kürbiskuchen fertig und abgekühlt ist, mit Staubzucker bestreuen, aufschneiden und servieren.

GURABIJE (SERBISCHE KOURABIEDES)

Slavsko žito – Koljivo

(FAMILIENFESTGETREIDE)

ZUTATEN

500 g Weizenkörner • 400 g Zucker
400 g gemahlene Walnüsse • ½ geriebene Muskatnuss
2 EL Vanillezucker

ZUBEREITUNG (CA. 4 STD. MIT GARZEIT)

- Weizen waschen, mit Wasser bedecken und über Nacht stehen lassen. Am nächsten Tag den Weizen mehrmals durchwaschen und bei kleiner Hitze kochen, bis er weich wird. Abseihen und in der Mühle zermahlen.
- Den gemahlenen Weizen mit Zucker, Nüssen, Muskatnuss und Vanillezucker süßen. Mit den Fingern zerdrücken und formen.

TIPP

Familienfestgetreide mit den ganzen Nüssen garnieren und servieren.

Salenjaci

(SERBISCHE SCHMALZKUCHEN)

ZUTATEN FÜR CA. 4 PERSONEN

40 g frische Germ • 200 ml Milch • 1 EL Zucker • 800 g Mehl
1 TL Salz • 1 Ei • 400 g Schweineflomen (Schmer)
feste Marmelade nach Belieben • Staubzucker

ZUBEREITUNG (CA. 2 STD. MIT GARZEIT)

- Die Germ in die lauwarme Milch krümeln und Zucker zugeben. 10 Min. gehen lassen.

- In eine Schüssel 400 g Mehl, 200 ml Wasser, Salz, Ei und die Germ-Milch-Mischung zugeben. Verrühren und nach und nach den Rest des Mehls zugeben und den Teig mit den Fingern durchkneten.

- Den Teig etwa 30 Min. unter einem Tuch gehen lassen. Den Teig ausrollen.

- Den Flomen durch einen Fleischwolf drehen (wenn nötig, zweimal) und den Teig damit bestreichen. Den Teig von links und rechts zusammenfalten und noch einmal ausrollen. Wieder mit Schweineflomen bestreichen und den Prozess wiederholen, bis man keinen Flomen mehr hat. Wenn man das letzte Mal den Teig zusammengefaltet hat, 15 bis 20 Min. stehen lassen.

- Dann den Teig auf 5 mm Dicke ausrollen und in Quadrate schneiden. Auf jedes Quadrat ein Löffelchen Marmelade geben und beide diagonal gegenüberliegenden Enden wie eine Golatsche zusammenfalten.

- Die Salenjaci im vorgeheizten Backofen bei 180 °C 30 bis 40 Min. backen. Wenn sie fertig und ausgekühlt sind, mit Staubzucker bestreuen und servieren.

Vojvođanska česnica

(WEIHNACHTSKUCHEN AUS DER VOJVODINA)

ZUTATEN (FÜR EIN BACKBLECH MIT 23 X 32 CM)

500 g gemahlene Walnüsse • 350 g Staubzucker
200 g Rosinen • 700 g Jufka-Blätterteig (s. S. 16)
200 ml Öl • 250 ml Milch • 3 EL Honig

ZUBEREITUNG (CA 1 STD. MIT GARZEIT)

- Die Walnüsse mit Staubzucker und Rosinen vermischen.
- Auf das geölte Backblech zwei Teigblätter aufeinanderlegen und beide mit etwas Öl und Milch bestreichen. Ein paar Löffel der Nussfülle auf den Teig geben. Zwei weitere mit Öl und Milch bestrichene Teigblätter darauflegen und wieder mit Fülle bestreichen. Diesen Prozess so oft wiederholen, bis die Teigblätter und die Fülle aufgebraucht sind.
- Das letzte Blatt einölen und das Ganze in Würfel schneiden. Im vorgeheizten Backofen bei 180 °C etwa 30 Min. backen. Wenn die Česnica fertig und noch immer heiß ist, mit Honig bestreichen und abkühlen lassen.
- Nach der Tradition wird in der Česnica ein Geldstück für Weihnachten vor dem Backen versteckt. Die Person, die dieses Geldstück findet, wird das ganze Jahr viel Glück haben.

TIPP

Je kleiner das Backblech ist, desto höher kann der Kuchen geschichtet werden.

INFO

In der Vojvodina (nördliches Gebiet in Serbien) wird Česnica anders als in Südserbien zubereitet – wie hier als süße Nachspeise. Diese zwei Gerichte, Weihnachtskuchen aus der Vojvodina und Serbischer Fladen (s. S. 26), heißen beide Česnica und werden zu Weihnachten zubereitet, doch sind die Rezepte ganz unterschiedlich.

Mohnstrudel

ZUTATEN FÜR CA. 4 PERSONEN

35 g frische Germ • 350 ml Milch
11 EL Zucker • 700–800 g Mehl • 3 Eidotter • Öl • 1 Prise Salz
Zitronenschale • 600 g Mohn • Staubzucker

ZUBEREITUNG (CA. 150 MIN. MIT GARZEIT)

- Germ mit 50 ml lauwarmer Milch, 1 EL Zucker, 1 EL Mehl vermengen und an einem warmen Ort gehen lassen.
- 2 Eidotter mit 4 EL Zucker verrühren, 50 ml Öl, Salz und Zitronenschale zugeben.
- Nach und nach Dampfl und Mehl hinzufügen. Alles gut verrühren und zu einem Teig verkneten und unter einem Tuch an einem warmen Ort 30 Min. gehen lassen.
- Für die Fülle 300 ml Milch mit 6 EL Zucker aufkochen lassen, Mohn zugeben und ein paar Minuten auf dem Herd köcheln lassen.
- Von dem Teig zwei Teilstücke machen und jedes fingerdick ausrollen. Die Fülle auf den beiden Teilstücken verteilen und einrollen. Die Strudel auf ein beöltes Backblech legen und 30 Min. gehen lassen.
- Bevor man die Strudel ins Backblech gibt, mit einem verquirlten Eidotter bestreichen und anschließend bei 200 °C 40 Min. backen.
- Wenn der Mohnstrudel fertig ist, in einem Tuch auskühlen lassen.

TIPP

Mohnstrudel vor dem Servieren mit Staubzucker bestreuen.

Oblatne

(WAFFELN)

ZUTATEN FÜR CA. 4 PERSONEN

1 l Milch • 700 g Zucker • 1–2 Pkg. Vanillezucker
250 g Margarine oder Butter • 1 Pkg. Waffelblätter

ZUBEREITUNG (CA. 1,5 STD. MIT GARZEIT)

- Milch und Zucker bei niedriger Hitze 1 Std. kochen lassen und ständig umrühren. Wenn die Milch dick und goldbraun wird, Vanillezucker und Margarine zugeben.
- Die Waffeln mit der heißen Milchfülle bestreichen. Dazu eine Waffel mit der glatten Seite nach unten auflegen. Die Fülle wird auf die raue Seite gegeben.
- Danach wieder eine Waffel darauflegen und wieder mit Milchfülle bestreichen. So verfahren, bis alle Waffeln der Packung aufgebraucht sind.
- Die Waffeln mit Alufolie abdecken und etwas Schweres draufstellen, damit sich die Schichten gut miteinander verbinden.

TIPPS

Wenn die Fülle nicht dick genug ist, etwas länger kochen oder 1 TL Mehl zugeben. Auf diese Weise wird sich der Geschmack nicht ändern, aber die Konsistenz wird homogener.

Waffeln sollen ein paar Stunden rasten, bevor man sie serviert, denn je länger sie stehen bleiben, desto weicher und geschmacklich besser werden sie.

Savijača sa jabukama

(APFELSTRUDEL)

ZUTATEN FÜR CA. 4 PERSONEN

1,2 kg Äpfel • 200 g Zucker • 3 EL Grieß
1 TL Zimt • 500 g Jufka-Blätterteig (s. S. 16) • Öl
100 ml pricklendes Mineralwasser
Staubzucker

ZUBEREITUNG (CA. 1 STD. MIT GARZEIT)

- Äpfel schälen, reiben und stehen lassen. Wenn die Äpfel braun werden, Zucker, Grieß und Zimt dazugeben.
- Ein Teigblatt mit Öl bestreichen, ein zweites Blatt darauflegen und mit der Apfelfülle belegen und einrollen. So oft wiederholen, bis die Teigblätter aufgebraucht sind. Die Enden der Rollen schließen.
- Savijača auf ein Backblech legen, mit dem Mineralwasser anfeuchten und im vorgeheizten Backofen 40 Min. bei 220 °C backen. Wenn die Savijača fertig ist, mit einem Tuch abdecken und abkühlen lassen.
- Savijača in Stücke schneiden, mit Staubzucker bestreuen und servieren.

TIPP

Savijača kann in gleicher Weise auch mit Mohn oder Kirschen zubereitet werden.

Taške sa pekmezom

(TASKE MIT MARMELADE)

ZUTATEN FÜR CA. 4 PERSONEN

3 Eier • 500 g Mehl • Salz • 1 Eiweiß • 200 g Marillenmarmelade
100 ml Öl • 200 g Grieß • 150 g Zucker

ZUBEREITUNG (CA. 1 STD. MIT GARZEIT)

- In einer Schüssel Eier, 250 g Mehl, etwas Salz und etwas Wasser vermengen. Den Rest vom Mehl nach und nach zugeben und verrühren, bis die Mischung fest wird. Den Teig in zwei Teigstücke teilen und gehen lassen.

- Ein Teigstück ausrollen und mit Eiweiß bestreichen und Marmeladenkleckse mit ca. 5 cm Abstand auf den Teig geben. Mit dem zweiten ausgerollten Teigstück abdecken.

- Den Zwischenraum zwischen den Marmeladenklecksen mit den Fingern gut festdrücken. Den Teig anschließend an diesen Stellen längs und quer auseinanderschneiden. Die einzelnen Teigquadrate ein wenig trocknen lassen.

- In einen großen Topf Wasser einfüllen, ein paar Tropfen Öl zugeben und aufkochen lassen. Die Teigtaschen in kochendes Wasser geben und wenn sie an die Oberfläche kommen, noch etwa 5 Min. kochen. Die Taške abseihen und beiseitestellen.

- Im restlichen Öl den Grieß anrösten. Wenn er goldbraun wird, 100 ml Wasser zugeben und weiter rösten, bis er aufgequollen ist. Zucker zugeben, verrühren und über die heißen Taške streuen.

Uštipci

(SÜSSE ODER PIKANTE GEBACKENE MÄUSE)

ZUTATEN FÜR CA. 4 PERSONEN

20 g frische Germ oder 5 g trockene Germ • 200 ml Milch
1 EL Zucker • 600 g Mehl • Öl
3 Eier • 1 EL Salz

ZUBEREITUNG (CA. 45 MIN. MIT GARZEIT)

- Germ in lauwarme Milch krümeln und Zucker zugeben, verrühren und 10 Min. ziehen lassen, anschließend 500 g Mehl hinzufügen. Etwas Öl, Eier, 100 ml Wasser und Salz zugeben und gut verrühren. Wenn die Mischung noch nicht dick genug ist, etwas mehr Mehl zugeben.
- Die Germmasse 20 Min. stehen lassen und dann noch einmal verkneten. In einen seichten Topf Öl eingießen und erhitzen, anschließend die Germmasse mit dem Löffel portionsweise ins Öl geben.
- Uštipci mehrmals umdrehen, damit sie eine goldene Farbe bekommen. Wenn die Uštipci fertig sind, auf Küchenrolle abtropfen lassen.

TIPP

Uštipci mit Käse und Kajmak oder Sauerrahm servieren. Wenn Sie süße Uštipci essen möchten, dann servieren Sie sie mit Staubzucker und Marmelade.

Vanilice

(SERBISCHES VANILLEGEBÄCK)

ZUTATEN

200 g Fett • 4 EL Zucker • 1 Ei
1 Eidotter • Zitronensaft • 1 Pkg. Vanillezucker
500 g Mehl • Marmelade (nach Wahl) • Puderzucker

ZUBEREITUNG (CA. 1 STD. MIT GARZEIT)

- Fett und Zucker cremig rühren, Ei und Eidotter zugeben und weiterrühren, anschließend Zitronensaft und Vanillezucker langsam hinzufügen und am Ende das Mehl zugeben. Nach Bedarf etwas Milch zugeben.
- Die Mischung gut durchrühren und eine Kugel formen.
- In eine Folie einwickeln und im Kühlschrank 30 Min. ziehen lassen.
- Den Teig ausrollen (3–5 mm dick) und mit Ausstechern in kleine Stücke teilen.
- Den Teig im vorgeheizten Backofen bei 180 °C etwa 15 Min. backen. Nach dem Backen abkühlen lassen, da die Kekse ansonsten zerbröckeln.
- Die Hälfte der Kekse mit Marmelade bestreichen und mit je einem zweiten Keks bedecken.
- Die Vanilice im Puderzucker wälzen.

TIPP

Nach einem Tag schmecken die Vanilice noch besser, da sie mit der Zeit weicher werden.

Ajvar

ZUTATEN

10 kg rote Spitzpaprika • 5 kg Melanzani
2–3 scharfe Paprika (länger als Pfefferoni, grüne oder gelbe) • Öl
6 EL Salz • 100 ml Essig • 1 Knoblauchknolle

ZUBEREITUNG (CA. 5 STD. MIT GARZEIT)

- Die Paprika und Melanzani waschen, die Melanzani schälen und beides entweder grillen oder im Backofen 20 Min. bei 200 °C braten. Wenn die Paprika und Melanzani weich werden, die Stängel und Kerne entfernen. Das Gemüse in einer Wanne getrennt voneinander zermahlen. Die kleinen Stücke der scharfen Pfefferoni zugeben.

- Einen großen Kochtopf beölen und das Gemüse bei kleiner Hitze ca. 3 Std. kochen. Die Mischung ständig umrühren, damit sie nicht anbrennt. Während des Kochens Öl, Salz, Essig und gehackten Knoblauch zugeben.

- Ajvar ist fertig, wenn die Farbe von Rot zu Braun wechselt.

- Marmeladengläser im Backofen bei 100 °C 20 Min. erwärmen. Die Gläser mit Ajvar befüllen und bevor man sie zudeckt, ein paar Tropfen Öl als Konservierungsmittel daraufgeben.

TIPP

Ajvar serviert man als Frühstück auf heißem, selbst gemachtem Brot oder als Beilage für eine Hauptspeise.

INFO

Ajvar bezeichnet auch den serbischen Kaviar.

Ljutenica

ZUTATEN FÜR CA. 4 PERSONEN

5 kg Tomaten • 200 g Zucker • 300 ml Öl • 200 ml Weinessig • Salz • 5–6 Pfefferkörner
4 Knoblauchknollen • 30 rote Paprika • 250 g scharfe Paprika

ZUBEREITUNG (CA. 2 STD. MIT GARZEIT)

- Tomaten waschen, im Fleischwolf zerkleinern, in einen tiefen Topf geben und bei kleiner Hitze zu Mus einkochen.
- Zucker, Öl, Essig, Salz und Pfeffer zugeben. Den Knoblauch klein hacken und auch hinzufügen. Etwa 45 Min. kochen.
- Die roten Paprika waschen, im Fleischwolf zerkleinern und zu den Tomaten geben.
- Die scharfen Paprika waschen, putzen und zu der Mischung geben. Weitere 20 bis 30 Min. kochen.
- Gläser im Backofen etwa 30 Min. bei 100 °C sterilisieren. Die fertige Ljutenica gleich in die heißen Gläser einfüllen, zudecken und abkühlen lassen. Gläser danach im Abstellraum oder im Keller dunkel aufbewahren.

Eingelegte Paprika

ZUTATEN

500 ml Weinessig • 100 ml Öl • 20 g Salz • 250 g Zucker • Pfefferkörner • Selleriegrün
3 kg rote Paprika • 5 g Konservierungsmittel (Einsiedehilfe)

ZUBEREITUNG (CA. 30 MIN.)

- 1 l Wasser, Weinessig, Öl, Salz, Zucker, Pfefferkörner und Selleriegrün vermischen und kurz kochen lassen. Paprika waschen, Stiele wegschneiden, in der Wasser-Essig-Mischung 3 bis 4 Min. kochen lassen und herausgeben.
- Wenn sie abgekühlt sind, in sterilisierte warme Gläser füllen. In die abgeseihte Flüssigkeit Konservierungsmittel geben, vermischen und in die Gläser schütten. Die Gläser über Nacht zugedeckt stehen lassen, am nächsten Tag ein Netz darüberspannen, damit die Paprika nicht über das Wasser herausragen, und mit dem Deckel verschließen. Falls die Paprika über Nacht das Wasser absorbiert haben, noch Wasser nachfüllen.
- Die eingelegten Paprika als Salat servieren.

Pindjur

ZUTATEN

1 kg Tomaten • 10 EL Zucker • 5 EL Salz • 1 kg rote Paprika • 200 ml Öl • 100 ml Essig
2 Knoblauchknollen • 5 g Konservierungsmittel (Einsiedehilfe)

ZUBEREITUNG (CA. 3 STD. MIT GARZEIT)

- Tomaten im Fleischwolf zerkleinern. In einen Topf die faschierten Tomaten, Zucker und Salz zugeben, 10 Min. kochen lassen.
- Klein geschnittene Paprika, Öl und Essig hinzufügen und bei kleiner Hitze 2 Min. kochen. Knoblauch klein hacken, zugeben, vermischen und abkühlen lassen.
- Das Konservierungsmittel zugeben und gut verrühren. Die Gläser mit warmem Wasser waschen und sterilisieren.
- Pindjur in Gläser einfüllen, gut verschließen und im Abstellraum aufbewahren.

Essiggurken

ZUTATEN

5 kg kleine Gurken (je kleiner, desto besser – Cornichons) • 200 g Salz • 300 g Zucker
5 g Konservierungsmittel (Einsiedehilfe) • 1 TL E224 Kaliumdisulfit (Vinobran)
100 g konzentrierte Essigsäure • Pfefferkörner • Dill

ZUBEREITUNG (CA. 1 STD.)

- Die Gurken waschen und in eine Schüssel geben, mit dem gekochten heißen Wasser übergießen und auskühlen lassen.
- In einem Topf 5 l frisches Wasser eingießen, Salz und Zucker zugeben, sieden lassen. Danach Konservierungsmittel und Kaliumdisulfit zugeben, vom Herd wegnehmen und konzentrierte Essigsäure zugeben.
- Flüssigkeit abkühlen lassen und Gurken in Gläser geben, je ein paar Pfefferkörner und etwas Dill zugeben. Flüssigkeit eingießen, ein kleines Netz darüberspannen, damit die Gurken nicht über das Wasser hinausragen und mit Deckeln verschließen. Über Nacht mit einer Decke warm halten und dann im Keller lagern.
- Die Essiggurken als Salat servieren.

PINDJUR

Sauerkraut

ZUTATEN

10 kg Kraut • Pfefferkörner • 300 g Salz

ZUBEREITUNG (CA. 1 STD., WARTEZEIT CA. 40 TAGE)

- Die Außenblätter des Krauts und das Strunkstück entfernen – 4 bis 5 cm weit aushöhlen. Die Krautköpfe in ein Fass geben, sodass die Öffnung, wo der Strunk war, nach unten gerichtet ist. Nach jeder Krautschicht etwa 10 bis 15 Pfefferkörner hinzugeben. Die Krautköpfe sollen eng aneinandergereiht sein.
- Salz ins Wasser geben und damit die Krautköpfe im Fass übergießen. Wenn das Wasser nicht salzig genug ist, können Sie es noch nachsalzen.
- Ein kleines Netz darüberspannen und ein Gewicht darüberlegen, damit die Krautköpfe nicht über das Wasser herausragen. Das Fass schließen und säuern lassen. In den ersten Tagen soll man die Wassermenge kontrollieren – das Wasser soll immer salzig sein und das Kraut ganz bedecken. Wenn nötig, noch salziges Wasser nachfüllen.
- Für das Säuern des Krauts braucht man etwa 40 Tage.

TIPPS

Trübes Wasser bedeutet, dass Salz fehlt.

Um die gelbe Farbe des Krautsaftes zu behalten, kann man ein paar Maiskörner hinzufügen.

Am besten ist es, das Kraut Ende November vorzubereiten.

Das Krautfass am besten in einem Keller lagern.

Die Krautköpfe sollen fest sein und etwa die gleiche mittlere Größe haben.

Turšija (EINGELEGTES GEMÜSE)

ZUTATEN

5 kg Gemüse – kleine Gurken (Cornichons), kleine Spitzpaprika (gelbe und rote), Karfiol, Karotten, grüne Tomaten, kleine Zwiebeln • 1 l Essig (9 %) • 13 EL Zucker 5 EL Salz • 10 g E224 Kaliumdisulfit (Vinobran) • Pfefferkörner • 1 Lorbeerblatt • Kren

ZUBEREITUNG (CA. 1 STD.)

- Die Gurken gut waschen und die Stiele entfernen. Die Paprika mit einer Gabel mehrmals einstechen, damit sie das Wasser absorbieren können. Den Karfiol zerkleinern und die Karotten schälen.
- 5 l Wasser mit Essig mischen. Zucker, Salz und Kaliumdisulfit zugeben.
- Das Gemüse in ein Fass legen und die Wasser-Essig-Mischung darübergießen und mit Pfeffer, Lorbeerblatt und Kren würzen.
- Ein kleines Netz darüberspannen, damit die Gemüse nicht über das Wasser hinausragen und ein Gewicht darüberlegen. Fass verschließen und an einem kalten Ort lagern.

Slatko od smokava (FEIGEN IN ZUCKERSIRUP)

ZUTATEN

1 kg Zucker • Vanilleschote • 1 Zitrone (Scheiben) • 1,5 kg frische Feigen

ZUBEREITUNG (CA. 2 STD. MIT GARZEIT)

- 250 ml Wasser mit dem Zucker, der Vanilleschote und den Zitronescheiben aufkochen, bis die Mischung sirupsähnlich verdickt ist.
- Die Feigen waschen und Stiele entfernen. Die Feigen mit einer Gabel mehrmals einstechen, damit sie während des Kochens nicht aufspringen und damit sie den Sirup aufsaugen können.
- Die Feigen in den Sirup geben und noch etwa 1 Std. kochen. Wenn die Feigen weich sind, vom Herd nehmen und mit einem feuchten Tuch den Topf abdecken und über Nacht abkühlen lassen. In sterilisierte Gläser (beispielsweise bei 100 °C im Backofen sterilisieren) geben, verschließen und an einem trockenen und dunklen Ort lagern.

Kompott

ZUTATEN

3 kg Birnen oder 4 kg Kirschen/Marillen
3 l Wasser für Birnen oder 4 l Wasser für Kirschen/Marillen
1 kg Zucker • Konservierungsmittel für Kompott

ZUBEREITUNG

Birnen

- Die Birnen schälen, in längliche Stücke schneiden und das Kerngehäuse entfernen. Die Birnen eng beieinander in gereinigte und trockene Gläser geben.
- Wasser mit Zucker aufkochen und danach abkühlen lassen. Die Wasser-Zucker-Mischung in die Gläser füllen, Konservierungsmittel zugeben und verschließen.
- Den Boden eines tieferen Topfs mit einem Stück Baumwollstoff auslegen und die Gläser daraufstellen. Das Wasser bis zum Deckel der Gläser einfüllen und kochen. Das Wasser soll etwa 20 Min. sieden.

Kirschen

- Für das Kompott die Kirschen nicht gleich in die Gläser geben, sondern sie zuerst im aufgekochten Wasser mit Zucker kurz kochen, im zugedeckten Topf über Nacht stehen lassen und am nächsten Tag noch einmal aufkochen. Dann die Gläser befüllen, und über Dampf 20 Min. offen kochen.
- Wenn das Kompott fertig ist, das Konservierungsmittel zugeben und die Gläser schließen.

Marillen

- Die Marillen enthäuten, halbieren und den Stein entfernen. Sie werden gleich wie die Kirschen zubereitet, aber bevor das Wasser zum zweiten Mal gekocht wird, werden die Marillen in die Gläser gegeben. Konservierungsmittel in die Gläser mit den Marillen und anschließend den aufgekochten Saft zugeben. Das Kochen des Marillenkompottes in Gläsern im Topf ist nicht notwendig.
- Kompott wird als Dessert serviert.

ÜBER DIE AUTORIN

Tatjana Petkovski wurde 1992 in Serbien geboren und ist 2011 nach Österreich gekommen, um zu studieren und ein Leben in Wien aufzubauen. Sie hat ihr Magisterstudium der Publizistik- und Kommunikationswissenschaften an der Universität Wien abgeschlossen, ist aber der Meinung, dass stetes Lernen eine Lebensaufgabe ist, weshalb sie bereit ist, sich noch viele Jahre lang weiterzubilden und weiterzuentwickeln. Zu ihren Hobbys gehören das Kochen und das Interesse an internationalen Küchentraditionen. Sie liebt das Reisen, das Verfassen diverser Blogs sowie das Drehen von Videos für ihren YouTube-Kanal. Ihre größte Liebe ist jedoch die Psychologie, vor allem das Analysieren des menschlichen Wesens. So sagt zum Beispiel die Wahl der Speise etwas über jene Person aus, die sie isst. In der serbischen Küche spiegelt sich die Freude am Leben der Menschen wider und genau als einen solchen Menschen kann man Tatjana beschreiben – positiv und voller Freude.

REZEPTREGISTER

Aus unserem Programm

ISBN 978-3-7020-1561-9

ISBN 978-3-7020-1255-7

ISBN 978-3-7020-1237-3

ISBN 978-3-7020-1417-9

LEOPOLD STOCKER VERLAG

www.stocker-verlag.com

Graz – Stuttgart